MW00697297

Tout va bien !

3

Méthode de français

CAHIER D'EXERCICES

CLE
INTERNATIONAL

Plages du CD

© 2005 Hélène Augé, Claire Marlhens, Llúcia Molinos, M.D. Cañada.
© 2005, S.E.S.L.
© 2005, pour la présente édition CLE INTERNATIONAL
ISBN : 209-035298-1

TABLE DES MATIÈRES

• L'expression de la quantité (indéfinie)

1 Complétez les phrases suivantes avec un pronom indéfini.

1) J'ai raté mon train mais heureusement, il y en a _____*un autre*_____ dans 20 minutes.

2) En France, _____*on*_____ dîne vers 20 heures et _____*on*_____ se couche plus tôt que chez moi.

3) Des fax ? Bien sûr, j'en reçois _____*une*_____ par jour.

4) _____ d'incroyable m'est arrivé hier. Je te raconte ?

5) _____*Plusiers*_____ étudiants ont fini leur dissertation, *mais certaines* en sont encore à l'introduction.

6) Nous devrions _____ faire un effort pour arriver à l'heure.

7) - Quelle foule ! - Oui, il paraît qu'il y a _____ de célèbre dans ce restau.

8) _____ le monde est là ? Alors, nous allons commencer !

2 Complétez les proverbes ci-dessous à l'aide du pronom indéfini qui convient.

1) _____ pour soi et Dieu pour tous.

2) À cheval donné, _____ ne regarde pas la bride.

3) _____ ne sert de courir, il faut partir à point.

4) Ami de _____, ami de personne.

5) Bon à _____, bon à rien.

6) _____ n'est à l'abri de l'erreur.

Comment interprétez-vous ces proverbes ? Connaissez-vous des expressions équivalentes dans votre langue ?

_____

3 Complétez les phrases suivantes en choisissant la forme *n'importe...* qui convient.

1) Il s'habille _____, il n'a vraiment pas de goût.

2) Moi, j'aime _____ musique, mais à plein tube.

3) Tout le monde peut le faire, c'est à la portée de _____.

4) Il passe ses vacances _____, ça lui est égal.

5) Il mange _____ ! Il ne fait pas attention à sa santé !

6) Elle parle avec _____, je n'aime pas ça.

7) On peut consulter ce site avec _____ navigateur.

8) Elle est disponible _____, elle est à la retraite.

4 Remplacez les expressions en italique par la forme *n'importe....*

Exemple : C'est simple comme bonjour, *tout le monde* peut y arriver.
→ C'est simple comme bonjour, *n'importe qui* peut y arriver.

1) Je vais vous apprendre à résoudre *tous les problèmes* de géométrie.

_____

2) Il n'arrête pas de parler et en plus, pour dire *des bêtises*.

_____

3) Puis-je changer mon code secret à *tout moment ?*

_____

4) Nous réparons les montres de *toute marque.*

_____

5) Il est très serviable, tu peux lui demander *tout ce que tu veux.*

_____

5 Que remplace le pronom *on* dans les phrases suivantes ?

1) Comme on fait son lit, on se couche. ➡ _____

2) En français, on ne dit pas « cocodrile » mais « crocodile ». ➡ _____

3) Alors mon bébé, on a bien dormi ? ➡ _____

4) Dites, les enfants, on se calme un peu ! ➡ _____

5) Suivez mes mouvements : on lève un bras, puis l'autre, on plie les genoux... ➡ _____

6) Ce soir, on dîne chez mes parents, je vais le rappeler à Bruno. ➡ _____

6 Lisez le texte et signalez par des couleurs différentes les expressions de quantités précises et imprécises.

Le redémarrage du vélo

Après sept années de baisse consécutives, les achats de vélos ont augmenté de 7 % en 1999. Sur les 3 millions de bicyclettes achetées, la moitié étaient importées, 45 % provenaient des hypermarchés, le reste se partageait entre les grandes surfaces spécialisées (Décathlon, Go Sport...) et les magasins traditionnels.

Le vélo est considéré en France comme un équipement de loisir, notamment le VTT (vélo tout-terrain). Son utilisation comme moyen de transport reste marginale ; il ne représente que 4 % du trafic, contre 20 % aux Pays-Bas et 16 % en Allemagne. L'absence de pistes cyclables est l'une des raisons de cette faible part qui s'explique aussi dans l'absence de culture citadine en ce domaine. Il n'en est pas de même du roller, qui s'impose de plus en plus dans les villes, à la fois comme mode de déplacement et mode de vie.

G. Mermet, *Francoscopie*, 2001 © Larousse

7 Rédigez un texte court qui accompagnerait le tableau ci-dessous.

Évolution du nombre de licenciés des principales disciplines sportives (en milliers)

	1992	2002
Football	1860	2315
Tennis	872	1130
Arts martiaux	390	356
Basket	351	497
Pétanque	460	432
Natation	–	218
Ski	549	227
Cyclisme	648	722

_____
_____
_____
_____
_____
_____
_____
_____
_____
_____
_____
_____

● Les pronoms interrogatifs

8 Reliez comme il convient les éléments de ces deux colonnes.

1) Qui est-ce qui   **a)** aimeriez-vous passer une soirée en tête-à-tête ?

2) Lesquelles   **b)** a-t-il acheté, le moins cher ?

3) Qu'est-ce qui   **c)** me conseillez-vous ?

4) Lequel   **d)** je pourrais faire pour vous aider ?

5) Qu'est-ce que   **e)** ont-elles parlé pendant le dîner ?

6) Avec qui   **f)** sont les candidates à ce poste de sous-directrice ?

7) De quoi   **g)** t'a plu le plus ?

8) Quelles   **h)** t'a raconté cette histoire ?

La page détente

1 Dans quelle catégorie classez-vous ces jeux ou activités sportives ?

les échecs   le loto   les dames   le tir à l'arc   le jeu de go
la pétanque   la roulette   les fléchettes   le billard
le jeu de l'oie   la jonglerie   l'awalé

La réflexion	Le hasard	L'adresse

2 **a. Quelle activité associez-vous à ces objets ?**

1) _____ : la raquette, le bandeau, le short
2) _____ : le pinceau, le chevalet, la palette
3) _____ : l'arrosoir, le sécateur, le sac d'engrais
4) _____ : la pelote de laine, les aiguilles, la fiche explicative

b. Citez maintenant 3 accessoires ou objets associés aux activités suivantes.

1) l'escalade : _____ / _____ / _____
2) le bricolage : _____ / _____ / _____
3) la couture : _____ / _____ / _____
4) la philatélie : _____ / _____ / _____

3 Passe, passe le temps… Complétez les phrases avec l'une des expressions proposées, au temps qui convient.

tuer le temps ■ gagner du temps ■ prendre du bon temps ■ avoir fait son temps ■ trouver le temps long ■
mettre du temps ■ y avoir un temps mort ■ avoir du temps devant soi

1) Nos vacances ont été sensationnelles, on peut dire qu'on _____.
2) Ils ont réservé leurs billets d'avion par téléphone et cela leur a permis de _____.
3) J'avais trois heures d'attente à la gare de Toulouse alors, pour _____, j'ai visité le centre-ville.
4) Il _____ à se décider mais finalement, il a accepté notre proposition.
5) Quand je me suis installé à Gérardmer, je ne connaissais personne et le dimanche, je _____.
6) Aujourd'hui, comme il _____, il va pouvoir finir de tapisser le couloir.
7) L'annonce de son départ a surpris tout le monde et il _____ avant qu'on ne lui souhaite bonne chance.
8) Tu devrais profiter du ramassage de vieux meubles pour te débarrasser de ton bahut, il _____.

4 Retrouvez les substantifs qui correspondent à ces adjectifs et indiquez leur genre.

Adjectifs	Substantifs
1) fort	
2) souple	
3) culturel	
4) musical	
5) compétitif	
6) solidaire	
7) associatif	
8) bénévole	
9) spectaculaire	

5 Observez les illustrations et décrivez les mouvements des personnages.

1
2
3
4

1) _____

2) _____

3) _____

4) _____

6 Les sports. Complétez ces phrases avec le vocabulaire adéquat.

1) Les supporters se sont mis à crier pour _____ le coureur dans son sprint final.

2) Il est _____ du monde du saut en longueur.

3) Il est tombé en skiant et il _____ .

4) Son entraîneur a félicité l'athlète pour sa belle _____ .

5) La nageuse était contente, elle avait réussi à _____ pour la finale.

6) « _____ mais il faut admettre que l'équipe adverse était mieux préparée » reconnaît le joueur de rugby.

7) Ce sportif _____ contre son adversaire australien le 7 juin à Roland Garros.

8) L'équipe de basket de Villeurbanne _____ le match contre l'équipe de Cracovie par 87 à 80.

7 Expressions imagées. Complétez les phrases avec les verbes suivants au temps qui convient.

marquer ■ *sauter* ■ *nager* ■ *lancer* ■ *courir* ■ *danser*

1) J'avais mille choses à faire aujourd'hui, je _____ toute la journée.

2) Ils _____ de joie quand ils ont appris qu'ils avaient réussi leurs examens.

3) À mon avis, dans ce face-à-face télévisé, le candidat des Verts _____ un point.

4) On peut dire que c'est son deuxième roman qui _____ cet écrivain.

5) Il change souvent d'avis, avec lui on ne sait jamais sur quel pied _____ .

6) Elle a repris l'enquête de son collègue, mais pour l'instant, elle _____ complètement.

Écouter

1 Écoutez la chanson *La cassette vidéo*, puis dites si les affirmations suivantes sont vraies ou fausses.

	Vrai	Faux
1) Ça fait assez longtemps que la fille ne se sent pas très bien dans son corps.	☐	☐
2) Elle va bientôt avoir 30 ans, c'est la raison pour laquelle elle a pris du poids dernièrement.	☐	☐
3) Elle décide de se mettre à l'aérobic après avoir essayé d'autres remèdes pour maigrir.	☐	☐
4) Elle fait part de sa décision à tous ses voisins car ils aiment beaucoup plaisanter ensemble.	☐	☐
5) Elle regarde attentivement l'écran de sa télé et suit tous les mouvements, mais elle trouve cette activité très fatigante.	☐	☐
6) Elle est persuadée que ses efforts lui permettront d'avoir un corps splendide.	☐	☐
7) Au bout d'un moment, elle est vaincue par la fatigue et décide d'éteindre son magnétoscope.	☐	☐
8) Désormais, quand elle a l'impression d'avoir un peu grossi, elle visionne sa cassette vidéo ou sort faire un peu de jogging.	☐	☐

2 Signalez le synonyme des mots ou expressions en italique.

1) Comme on se trouve *vilaine*…
   a) méchante   b) laide   c) charmante
2) Qui suivent *le même tempo*…
   a) les mêmes mouvements   b) le même régime   c) le même rythme
3) J'suis allée *en cachette*…
   a) en vitesse   b) incognito   c) la tête haute
4) Et tordue par les *crampes*…
   a) douleurs musculaires   b) exercices   c) fou rire
5) Les trois jolies *minettes*…
   a) chatonnes   b) jeunes filles   c) athlètes
6) Les seins comme du *jello*…
   a) de la brillantine   b) de la gélatine   c) de la pierre
7) Sur ma jolie *bedaine*…
   a) ma collection de BD   b) mon gros ventre c) mon joli visage
8) Sacrer comme un *païen*…
   a) Labourer   b) Prier   c) Blasphémer
9) J'*râlais* sur mon divan…
   a) Je pleurais   b) Je jurais   c) Je chantais
10) *Serrée* dans mes vêtements…
   a) À l'aise   b) Oppressée   c) Déprimée

3 Réécoutez la chanson, si nécessaire, et complétez.

1) Gonflée comme _____
2) Légère comme _____
3) Droite comme _____
4) Les joues comme _____
5) Musclée comme _____
6) Mouillée comme _____
7) J'vibrais comme _____
8) Baver comme _____

9 Cochez la bonne réponse.

1) L'auteur de l'article met en valeur…

a) le rapport entre une société bruyante et le silence qu'elle engendre.

b) la disproportion entre bruit et information.

c) le changement dans les rapports entre les gens.

2) L'auteur de l'article tire une leçon de la *quiet party* :

a) le silence est un luxe.

b) le silence ne peut pas remplacer la parole.

c) on peut s'amuser sans être entouré de bruit.

10 Organisez chronologiquement les différents moments d'une *quiet party*.

a) À partir d'une certaine heure, la musique devient plus forte. ☐

b) Les gens se mettent à parler lentement. ☐

c) Les gens se rencontrent et communiquent sans la parole. ☐

d) Les surveillants s'en vont. ☐

11 Dites si ces affirmations sont vraies ou fausses.

	Vrai	Faux
1) La *quiet party* s'oppose à la méthode du *speed-dating*.	☐	☐
2) L'une des conditions est d'y assister sans son / sa partenaire.	☐	☐
3) Toute la soirée se déroule en silence.	☐	☐
4) Cette mode plaît aux gens ayant des capacités d'expression orale limitées.	☐	☐
5) Rien n'empêche les participants de communiquer par écrit.	☐	☐
6) La *quiet party* est née de l'impossibilité de trouver un lieu calme pour parler.	☐	☐
7) Au cours d'une *quiet party,* il ne peut pas y avoir de musique de fond.	☐	☐
8) Le recours au papier pendant ces rencontres amoureuses est nouveau.	☐	☐

Écrire

12 Le site Internet d'un journal recherche des gens ayant déjà assisté à une *quiet party*. C'est votre cas et vous décidez d'écrire pour raconter votre expérience et donner votre avis. (150 mots)

_____

_____

_____

_____

_____

_____

_____

_____

_____

_____

_____

_____ (…)

● Les temps du passé

1 Complétez le texte en mettant les verbes entre parenthèses au temps du passé qui convient.

Témoignage : « Je cherchais un compagnon, j'ai trouvé un ami. »
Suzanne, 56 ans, veuve, 4 enfants, préretraitée.

En entrant dans ce café où je _____ (avoir) rendez-vous, je _____ (ne pas en mener) large. Mon regard _____ (s'arrêter) sur la cravate rouge -notre signe de reconnaissance- d'un monsieur attablé dans un coin. Sur la photo de l'agence matrimoniale, Michel, ce _____ (être) son prénom, _____ (porter) un élégant chapeau ; pas là… et je _____ (réaliser) qu'il _____ (être) presque chauve ! Je _____ (avoir) envie de tourner les talons, mais au même moment, il _____ (se lever) pour venir à ma rencontre. Je _____ (être) bien obligée de m'asseoir avec lui…

Il _____ (parler), mais je _____ (écouter) à peine. Je _____ (penser) que ce _____ (être) ma quatrième rencontre par l'intermédiaire de l'agence et qu'une fois encore, ce _____ (ne pas être) la bonne… Pourtant, la dame _____ (être) formelle : « Je suis sûre qu'il vous plaira ! » Elle _____ (ajouter) qu'il _____ (avoir) 61 ans -5 ans de plus que moi-, et qu'il _____ (être), lui aussi, veuf et père de quatre grands enfants… « Ce n'est pas un signe du destin, ça ? » Je _____ (hocher) la tête en pensant que oui, ce _____ (être) étonnant, cette coïncidence… D'autant que lui aussi _____ (adorer) les vieux films en noir et blanc ! Mais, en le rencontrant, je _____ (savoir) tout de suite que ça ne marcherait pas. En fait, Michel _____ (ne pas me plaire), voilà tout… Le soir, je _____ (téléphoner) à ma copine Gisèle, pour lui dire que je _____ (aller) arrêter cette histoire d'agence matrimoniale. Elle _____ (me convaincre) d'en voir une, mais je _____ (savoir) désormais que ce ne serait pas là que je trouverais l'homme avec qui finir mes jours… Reste que si l'agence _____ (avoir) tout faux, le hasard, lui, me _____ (réserver) une surprise… Deux semaines après, au ciné-club, je _____ (tomber) nez à nez avec Michel ! Nous _____ (bavarder) pendant l'entracte. Je _____ (le voir) sous un autre jour, et il me _____ (paraître) bien plus sympathique. Quand il me _____ (proposer) de l'accompagner voir un autre film, le mois suivant, je _____ (accepter) ! Et c'est comme ça que nous _____ (devenir) amis, de vrais amis !

Maxi, n° 840, décembre 2002

2 Lisez ce texte, soulignez les verbes puis réécrivez-le au passé.

Le football

Alceste nous a donné rendez-vous, à un tas de copains de la classe, pour cet après-midi dans le terrain vague, pas loin de la maison. Alceste c'est mon ami, il est gros, il aime bien manger, et s'il nous a donné rendez-vous, c'est parce que son père lui a offert un ballon de football tout neuf et nous allons faire une partie terrible. Il est chouette, Alceste.

Nous nous sommes retrouvés sur le terrain à trois heures de l'après-midi, nous étions dix-huit. Il a fallu décider comment former les équipes, pour qu'il y ait le même nombre de chaque côté. Pour l'arbitre ça a été facile. Nous avons choisi Agnan.

Sempé-Goscinny, *Le petit Nicolas*, © Éditions Denoël, 1960 ; nouvelle édition 2002

Alceste nous avait donné rendez-vous _____

_____

_____

_____

_____

_____

3 **Lisez le texte suivant et repérez les verbes au passé simple. Quel est leur infinitif ?**

La tête de Thomas pesait de plus en plus sur son épaule. Elle pouvait presque sentir chaque poil de sa joue et de son menton s'incruster dans sa peau.

Le bras qui reposait sur l'estomac de Claire changea de position et s'immobilisa, la face interne du poignet contre son nombril. Le pouls de Thomas résonna dans son ventre à elle. Claire retint son souffle. Elle sentit alors dans tout son corps les pulsations du sang de Thomas.

Le bras glissa légèrement et elle ne sentit plus rien.

Elle ouvrit les yeux. [...]

Elle sourit. Thomas se réveilla.

Il se leva d'un bond et se rhabilla.

Il serra Claire contre lui mais ne l'embrassa pas. Puis il s'en alla.

Elle resta seule. Il ne l'avait pas embrassée mais il l'avait serrée dans ses bras plus fort que d'habitude et plus longuement. Claire était heureuse.

Emmanuèle Bernheim, *Sa femme,* © Éditions GALLIMARD

_____

_____

4 **Complétez le texte suivant à l'aide des verbes qui vous sont proposés dans le désordre.**

donnèrent ■ *dut* ■ *échoua* ■ *envahirent* ■ *fut* (2 fois) ■ *gronda* ■ *mit* ■
mourut ■ *ouvrit* ■ *provoquèrent* ■ *ravagea* ■ *unirent*

Le « Mouvement des gueux » de 1907

En 1885, le phylloxéra _____ le vignoble et _____ fin à 50 années de croissance économique dans les Corbières. La surproduction, la concurrence des vins étrangers et l'autorisation d'ajouter du sucre au vin _____ la chute des prix. Avec la misère et la colère, la révolte _____ à travers les villages. Les vignerons du Languedoc _____ à leur révolte de 1907 le nom de « Mouvement des gueux ». Animés par Marcellin Albert, un cabaretier d'Argelliers, ils _____ leurs protestations : le 26 mai 250 000 vignerons et leurs familles _____ la Cité de Carcassonne. Sur l'ordre de Clémenceau, Président du Conseil de la Troisième République, la répression _____ organisée. Le 17ᵉ régiment d'infanterie, composé de jeunes gens de la région, fils de vignerons pour la plupart, _____ le feu sur les manifestants. Albert, qui _____ dans sa tentative de conciliation auprès de Clémenceau, _____ mal reçu par ses amis et _____ s'exiler. Il _____ dans la pauvreté et l'oubli le plus complet.

La vie au fil des jours

« *On met très longtemps à devenir jeune.* »

Pablo Picasso © *Succession Picasso 2005*

« – Qu'as–tu fait, ô toi que voilà
Pleurant sans cesse,
Dis, qu'as–tu fait, toi que voilà
De ta jeunesse ? »

Verlaine, Le ciel est par-dessus le toit, Sagesse

« Il faut que jeunesse se passe ! »

(Proverbe)

« DIEU A SAGEMENT AGI EN PLAÇANT LA NAISSANCE AVANT LA MORT ; SANS CELA, QUE SAURAIT-ON DE LA VIE ? »

ALPHONSE ALLAIS

1 Regroupez les mots de la même famille.

orphelin
infantile
vieillissement
mûr
enfant
enfantin
naissance
nouveau-né
vieillesse
naître
immature
maturité
vieillir
orphelinat

_____

_____

_____

_____

_____

_____

_____

2 Complétez ce texte avec les mots suivants, en conjuguant les verbes, si nécessaire.

accueillir ■ recherche ■ grandir ■ naissance ■ procréation ■
origine ■ orphelinat ■ entourer ■ enfance ■ adolescence

Mon oncle n'a jamais rien su des circonstances de sa _____ et de sa petite _____. Ses premiers souvenirs précis remontent à sa quatrième année. Il vivait alors dans une famille qui l'avait _____ un an avant et _____ de beaucoup d'affection. Il se rappelle avoir _____ sans graves problèmes affectifs. C'est au moment de son _____ qu'il a commencé à se poser des questions et à désirer connaître ses _____. Quand il est rentré en contact avec les organismes sociaux pour commencer ses _____, il a compris qu'il ne pourrait jamais percer le mystère de sa _____ ni connaître les circonstances qui avaient poussé sa mère à l'abandonner dans un _____.

3 Quelle est la différence, à votre avis, entre...

1) un homme jeune et un jeune homme ?

_____

2) un frère et un beau-frère ?

_____

3) une personne d'un certain âge et une personne âgée ?

_____

4) faire l'enfant et faire jeune ?

_____

4 Corrigez les dix erreurs de lexique qui se sont glissées dans les phrases suivantes.

1) Mon couple vient de m'aviser qu'elle est grosse et que la naissance du bébé aura lieu en mai.

_____

2) Mes pères rêvent de se retirer pour pouvoir voyager et profiter de leurs petits-fils, Sophie et Arnaud.

_____

3) Nos voisins se portent mal avec leurs enfants qui ne pensent qu'à marcher de chez eux.

_____

4) Tu peux soigner mes enfants cet après-midi ? Je vais tourner tard.

_____

5 Soulignez le mot qui vous semble le plus fort.

1) s'inquiéter, s'angoisser, se préoccuper
2) heureux, content, gai
3) mécontent, de mauvaise humeur, fâché, en colère
4) se quereller, discuter, se disputer

6 Soulignez le nom le plus familier.

1) garçon, mec, jeune homme
2) fille, jeune fille, nana
3) dame, femme, bonne femme
4) enfant, gosse, gamin
5) grand-père, papi, aïeul

7 Complétez le tableau suivant.

Substantifs	Adjectifs	Verbes
joie		se réjouir
bonheur		
		éprouver
	inquiétant	
		s'attacher
	triste	
	accueillant	
		satisfaire

8 Le préfixe « co- » (du latin *cum : avec*).

Complétez ce texte avec les mots suivants, en conjuguant les verbes, si nécessaire.

coexistence ■ *cohéritier* ■ *cohabitation* ■ *cofondateur* ■ *colocataire* ■ *covoiturage*

1) - Comment se passe la _____ cette année, dans votre appart ?

 - Très bien, la nouvelle _____ est sympa et on a beaucoup de goûts en commun.

2) - Et toi, comment tu vas aller bosser, maintenant que ta boîte a déménagé ?

 - Ça va, on est trois à habiter dans le même coin, alors on a envisagé le _____.

3) Ton père a toujours été très fier d'avoir été le _____ de la boîte. Toi, en tant que _____,

 tu auras droit à une part des actions.

4) - C'était à l'époque de la _____ pacifique en matière de politique étrangère ?

9 Trouvez les mots formés avec le préfixe « co- » correspondant à ces définitions.

1) Diriger une entreprise ou un service avec un associé : _____

2) Signer une œuvre avec une autre personne : _____

3) Il fait équipe avec un autre, avec un _____.

4) Il a travaillé avec quelqu'un d'autre, son film est en fait une _____.

5) C'est un pilote auxiliaire, un _____.

Écouter

1 Écoutez ce document et répondez aux questions suivantes.

1) Qui parle ?

_____

2) À qui ?

_____

3) De quoi ?

_____
_____

4) Comment ?

_____

2 Écoutez à nouveau et lisez ce résumé. Ensuite, réécrivez-le en corrigeant les dix erreurs qui s'y sont glissées.

Anne-Marie était encore une enfant quand elle a rencontré sur la place de son village un jeune Indochinois qui venait de temps en temps passer ses vacances en France. Ils sont tombés amoureux l'un de l'autre et trois mois après, juste avant le départ du garçon, ils se sont fiancés avec l'accord spontané des familles. Après avoir entretenu des relations épistolaires et téléphoniques pendant quatre ans, elle est partie le rejoindre à Saigon où ils se sont mariés assez rapidement. Ont suivi de nombreuses années de voyages et de fêtes pendant lesquelles sont nés ses six enfants. En 46, elle est rentrée en France, seule avec ses enfants, tandis que son mari restait là-bas pour contrôler l'agence pétrolière dont il était le directeur. Au bout de 18 ans de séparation (elle partait le rejoindre tous les quatre ans), ils se sont retrouvés définitivement en France.

_____
_____
_____
_____
_____
_____
_____
_____
_____
_____

3 Dites si ces affirmations sont vraies ou fausses.

	Vrai	Faux
1) Anne-Marie a beaucoup souffert de devoir se séparer de ses parents.	☐	☐
2) Ceux-ci ont accepté qu'elle parte parce qu'elle allait retrouver un homme « sérieux et respectueux de ses engagements ».	☐	☐
3) Elle a fait le voyage en bateau, accompagnée de ses frères.	☐	☐
4) Elle emportait dans ses bagages des vêtements élégants, dignes des relations de son futur mari.	☐	☐
5) Ses enfants sont tous nés à Saigon.	☐	☐
6) Elle ne fait allusion à aucun épisode de la guerre d'Indochine.	☐	☐
7) Malgré sa vie de rêve, elle s'est réjouie de son retour en France.	☐	☐

4 Trouvez les synonymes des mots ou expressions utilisés par Anne-Marie.

1) Une situation *bien assise* : _____

2) Ma vie *a basculé* : _____

3) Mon *petit coin de France* : _____

4) Pour *faire bon effet* : _____

5) On *menait la belle vie* : _____

6) Ils avaient *une nounou* : _____

> **Quel peut être l'âge d'Anne-Marie actuellement ?**
>
> _____

Parler

5 Associez les différentes phases d'un récit aux expressions et exemples correspondants.

Prendre la parole pour raconter

Introduire ce qu'on va raconter

Présenter le cadre du récit (lieu, moment…)

Introduire un élément perturbateur

Présenter les péripéties qui surviennent

Donner la situation finale

Donner un sens à l'histoire racontée

Bref, c'était trop tard.
Résultat, je n'avais plus rien.
En somme, il n'a rien fait.

J'ai téléphoné à…, on m'a dit…
Je suis montée…
J'ai vu…

Ça se fait pas !
C'est pour te dire que…
Tu vois comment ils travaillent ?

Moi, on m'a fait téléphoner quatre fois.
Je me suis fait rappeler à l'ordre par un gendarme.

Alors le type me dit : « c'est interdit ».
Du coup, je ne retrouve plus les clés.
Soudain, j'ai entendu quelqu'un hurler…

Ah, tiens ! je vais te raconter…
Vous savez ce qui m'est arrivé… ?
C'est comme ce qui s'est passé avec…
C'est la même chose que…

Tu connais Manu, le garagiste… ?
J'étais dans mon jardin…
L'autre jour, à la sortie de…

6 Monologue. Observez le dessin et jouez le rôle du passant.

ÇA PASSERA, VOUS VERREZ. MOI J'EN SUIS À MON 472ᵉ CHAGRIN D'AMOUR…

Lire

Sur la trace de ses ancêtres

Un vrai phénomène de société en France : retrouver son histoire familiale, les traces de ses ancêtres. Même si on ne trouve pas ce que l'on cherche, le plaisir accroche toujours ! ■
Par Élodie Lenfer.

Chantal, 51 ans, s'est lancée dans des recherches quand on lui a parlé d'une tante dont elle ignorait l'existence. « Personne ne pouvait me dire ce qui lui était arrivé. J'imagine qu'elle avait « fauté » et qu'on avait essayé de tout cacher parce qu'elle était tombée enceinte et alors elle avait disparu. Ma mère l'a recherchée, en vain. » Les recherches généalogiques demandent un temps fou et souvent, on doit y renoncer et se réserver ce « plaisir » pour sa retraite. Voilà ce qui explique que la majorité des chercheurs soient des retraités qui sont capables de consacrer des journées entières à leur hobby ! Dès qu'on commence à tirer un fil, on se rend compte qu'il faut consulter les archives départementales, aller voir dans les églises et les mairies des communes ou des villages. Et cela représente bien souvent une semaine de travail. »

À l'origine, leur motivation peut être seulement personnelle et intime, mais les vrais passionnés de généalogie ne veulent pas découvrir de secrets. Au contraire, ils cherchent à remonter dans l'histoire de leur famille, à retrouver leurs ancêtres, à dessiner leur généalogie. Certains aimeraient se découvrir une lignée prestigieuse et parfois, ils la trouvent. Car logiquement, les origines de neuf Français sur dix remonteraient à

Charlemagne. Et cela sans tenir compte des fortes probabilités de se trouver une ascendance noble ! Mais il y a aussi des paysans et d'autres beaux métiers déjà disparus : des rémouleurs, des charrons, des taillandiers. Avec ces recherches généalogiques, on constate des métissages culturels et sociaux incroyables ! Françoise, 67 ans, a ainsi découvert des ancêtres savetiers au XVIIᵉ siècle et d'autres anoblis à la même époque !

Et c'est comme ça que la recherche mène à la découverte de cultures populaires : des métiers d'autrefois, la disparition de la paysannerie, l'ascension sociale. Alors le plaisir est au rendez-vous. Il y a tout de même un côté détective en quête de l'histoire du peuple, et non pas de celle qui est dans les livres. ■

Sans plus, mars 2005

COMMENCER SA GÉNÉALOGIE

Vous souhaitez connaître **vos origines** et vous avez entendu parler des **recherches généalogiques.**
Vous vous demandez qui étaient vos ancêtres et où ils vivaient.

Mais d'abord, jusqu'où peut-on espérer remonter ?

Généralement, on peut remonter jusqu'au XVIIᵉ siècle. Mais tout dépend :
• Des archives : leur ancienneté varie d'une région à l'autre, d'une commune à l'autre.
• Du milieu social et culturel : alors qu'il est quasiment impossible d'établir la généalogie d'un enfant abandonné, vous pouvez espérer remonter jusqu'au Moyen Âge si vous avez des ancêtres nobles.

Combien de temps faut-il ?

• Passion, quand tu nous tiens !!! Tous les amateurs en généalogie vous le diront, on ne compte plus !
• Tout dépend du temps que vous avez, mais surtout de vos ancêtres !
• Si vos ancêtres sont tous de la même région, vous avancerez plus vite qu'une personne effectuant des recherches dans 18 départements ou dans plusieurs pays.
• Il est aussi plus difficile de suivre des ancêtres qui migrent, comme les sabotiers, que des familles établies dans le même village depuis 10 générations.

Première enquête : c'est parti !

La première étape consiste à collecter les documents et les informations.

1. Demander les actes de l'état civil

Collecter les actes d'état civil complets (naissance, mariage…) : vous devez donc demander ces actes aux mairies où ont eu lieu ces événements.

Avec ces premiers éléments, vous demandez ensuite aux services de l'état civil les actes concernant vos parents. En effet, sur votre acte de naissance figure la date et le lieu de naissance de vos parents. Vous trouverez sur leur acte de naissance, en mention marginale, leurs date et lieu de mariage…

2. Chercher les papiers de famille

Cherchez d'abord les livrets de famille, qui n'existent que depuis les années 1870. Ce sont des mines d'informations.

Cherchez aussi :

- Cartes d'identité, passeports
- Livrets militaires
- Actes notariés comme les contrats de mariage
- Les correspondances, faire-part (très précieux)
- Les photographies

3. Comment mener cette enquête ?

Il n'y a qu'une solution, **interroger la famille.**

Allez voir les doyens de la famille qui pourront vous renseigner en vous donnant des noms, des dates, des lieux…

Le livret de famille est souvent conservé au fond d'un tiroir… Cherchez qui le possède et faites une photocopie.

Sortez les photographies qui font toujours jaillir des souvenirs. Vous trouverez des membres de votre famille inconnus pour vous.

Visitez les cimetières. Notez les épitaphes, qui donnent souvent quelques renseignements : nom, prénom, année de naissance et décès…

www.guidegenealogie.com © Cdip

---

7 Lisez le titre et le chapeau du premier texte. Quel est le sujet abordé ?

_____

8 Lisez la suite de l'article et vérifiez votre réponse.

9 Lisez le titre et les en-têtes du 2ᵉ document. Quelles différences y a-t-il dans la manière d'aborder le sujet ?

_____

_____

10 Quelles informations retrouve-t-on dans les deux documents ?

_____

_____

11 Quelles informations du premier texte peut-on compléter à l'aide du 2ᵉ document ?

_____

_____

Écrire

12 Continuez le récrit suivant (175 mots).

Elle rentrait tard pour un lundi et le lendemain, elle devait travailler. Elle voulait juste se coucher et dormir, dormir…
Soudain, son portable sonna. Cet appel allait tout changer…

● La place des pronoms compléments

1 Remplacez le complément souligné par un pronom que vous placerez au bon endroit.

1) On entend <u>les enfants</u> chanter à tue-tête.

_____

2) Tu me prêtes <u>ta voiture</u> ce week-end ?

_____

3) J'aimerais tant connaître <u>cet acteur</u> !

_____

4) Elle va s'acheter <u>la moto dont elle rêve</u> ?

_____

2 Reliez les phrases synonymes.

1) Je raconte des histoires aux enfants.
2) Je raconte ma vie à mes collègues.
3) Je raconte le début du film à Sandra.
4) Je raconte mes secrets de famille à mes voisins.
5) Je raconte une anecdote à mon amie.
6) Je raconte une blague aux enfants.

a) Je leur en raconte une.
b) Je la leur raconte.
c) Je lui en raconte une.
d) Je leur en raconte.
e) Je le lui raconte.
f) Je les leur raconte.

3 Trouvez une question pour chacune des réponses suivantes.

1) – Non, je le lui paierai demain sans faute.

_____

2) – Non, nous la lui demanderons par mail.

_____

3) – Si, puisque tu me la recommandes.

_____

4) – Non, vous nous la montrerez la prochaine fois, on est très pressés.

_____

5) – Oui, parce qu'ils les lui ont rendus abîmés.

_____

● L'expression du temps

4 Placez les adjectifs *dernier* (phrases 1-4) et *prochain* (phrases 5-8) devant ou derrière le nom et accordez en genre et en nombre, si nécessaire.

1) Il était 23 h et nous avons dû prendre le _____ train _____.

2) J'ai terminé le projet in extremis et je l'ai déposé à la _____ minute _____.

3) Nous nous sommes connus la / l' _____ année _____ à Ibiza.

4) Je te préviens : c'est la _____ fois _____ que je te rends un service !

5) Je n'ai pas le temps de te le raconter aujourd'hui, ce sera pour la _____ fois _____.

6) Tu es libre _____ lundi _____ ? J'aimerais que tu viennes à notre soirée.

7) Trop tard ! Tant pis, je prendrai le _____ bus _____.

8) Et n'oubliez pas de me rendre la dissertation la _____ semaine _____.

5 Complétez le texte suivant avec les expressions de temps données dans le désordre.

toute la journée ■ *souvent* ■ *ensuite* ■ *après* ■ *pendant* (3 fois) ■ *lors* ■ *jusqu'à* ■ *en* ■ *dès que* ■ *depuis* ■ *aujourd'hui* ■ *au mois de* ■ *alors* (2 fois) ■ *à partir de* ■ *à la fin de*

Margot Fontaine :
« J'ai un métier passionnant »

■ **C'est la deuxième fois que vous remplacez Olivier Marceau à la présentation du journal de 20 h. Ce remplacement va-t-il être habituel ?**

● _à partir de_ mars dernier _après_ mon congé parental j'ai réintégré l'équipe de *Chroniques*, et le directeur de la rédaction m'a proposé de remplacer Olivier Marceau _pendant_ ses vacances.

■ **C'est dur de conduire un JT ?**

● _Aujourd'hui_ les gens croient que cela se limite à être devant une caméra _pendant_ une demi-heure. Mais pour le 20 h, vous travaillez _toute la j._ avec toute une équipe. _____ 17 heures, on décide avec le rédacteur en chef des sujets que l'on veut traiter dans le journal, et _alors_, il y a le travail d'écriture, assez épuisant puisque chaque présentateur doit rédiger ses propres textes. _jusqu'a_ 19 h 59, vous travaillez sans filet, vous êtes responsable de tout le travail de l'équipe _pendant_ la journée. Moi, j'ai à chaque fois le trac, je suis un peu nerveuse et puis, _dès que_ le premier mot est prononcé, ça commence à aller mieux.

■ **Vous continuerez *Chroniques* à la rentrée ?**

● Absolument, je viens de terminer avec deux autres confrères un reportage sur le clonage thérapeutique qui devrait passer à l'antenne à la fin du mois.

■ **Pourquoi un si long congé ?**

● Parce que mon mari avait une mission à mener en Afrique et nous avons décidé de partir ensemble. J'étais _souvent_ sur *Chroniques*. Et _après_ Sandy, qui a 5 ans, j'ai eu Cédric. Nous avons voyagé, nous avons eu une vie très riche en nouvelles expériences.

■ **La télé ne vous manquait pas ?**

● J'y ai pensé _à la fin_ des attentats de New York. J'avais envie de rejoindre mes collègues.

■ **Il n'est plus question de repartir _ensuite_ ?**

● Alors là, pas question ! J'ai conscience d'avoir un métier passionnant, je ne vais pas me plaindre. _depuis_ le mois de janvier, je n'ai pas arrêté. On verra bien ce que l'avenir m'apportera...

■ **Vous envisagez des changements ?**

● On ne sait jamais. Une seule chose est sûre : je serai sur *Chroniques* _en_ septembre.

6 Choisissez l'expression de temps qui convient pour compléter le texte ci-dessous.

En ce moment / Ce matin / La veille je suis allé voir, sur l'île Séguin, les usines Renault. J'y ai *depuis / pendant / longtemps* travaillé, et j'aime bien, *les jours / dimanche / dimanches* comme *autrefois / aujourd'hui / maintenant*, récupérer certains souvenirs. Je me souviens du fracas des machines, des cris du contremaître, des insultes qui se perdaient dans le bruit des chaînes. Et de cet immigré qui, un *siècle / lendemain / jour*, s'était mis à pleurer lorsqu'on lui avait annoncé son licenciement. *La veille / Il y a deux jours / Bientôt*, il avait participé à la grève sauvage organisée par la CGT.

Il était venu se consoler dans mes bras. *La semaine d'avant / Le lendemain / Dans six mois*, presque tout le monde avait oublié même son nom. Sauf moi. Je l'avais revu deux jours *après / depuis / pendant*, dans son minuscule deux pièces où il vivait avec quatre amis.

En ce moment / Ce matin / La veille, je suis allé rendre hommage à Mohamed. Comme la *prochaine semaine / semaine prochaine / semaine précédente*, et l'autre. Et sans doute la semaine *dernière / prochaine / d'avant*. Car ce *moment / instant / période* d'angoisse, ces larmes, ce doux tremblement des épaules sont inscrits au fond de moi. *Cela fait / Depuis que / Dès* plus de vingt *ans / années / jours*. C'est pourtant encore *souvent / demain / hier*.

Ricard Ripoll (texte inédit)

Façon d'agir, façon de réagir

1 Complétez le tableau suivant.

Verbes	Substantifs (actions)	Substantifs (personnes)
	adhésion	
participer		
	formation	
		instructeur
défendre		
		organisateur
occuper		
	intervention	

2 Maintenant, placez certains des mots ci-dessus dans les phrases suivantes.

1) Notre association compte actuellement plus de 500 _____.

2) Nous sommes des consommateurs décidés à _____ notre pouvoir d'achat.

3) Les _____ pour le déroulement du stage sont très claires.

4) Est-ce que tu t'es trouvé une _____ pour quand je ferai les courses ?

5) La liste des _____ au congrès est disponible sur simple demande.

6) Il a absolument voulu _____ au cours du débat pour donner son point de vue.

3 Définitions. Dites comment on appelle quelqu'un qui…

1) manifeste : _____

2) vit du commerce : _____

3) fait grève : _____

4) intervient dans un débat : _____

5) mène une action syndicale : _____

6) négocie un accord : _____

4 Complétez le texte avec les mots de la liste.

concernés ■ *manifestations* ■ *manifestants* ■ *négociations* ■ *pancartes* ■ *réforme* ■ *secteur* ■ *solidarité*

Dans toutes les villes de France, ils ont été nombreux à descendre dans la rue pour participer aux _____ contre la _____ des retraites. Des gens de tous âges et de tout poil qui exprimaient leur mécontentement sur diverses banderoles, ou pour certains sur des _____ et qui distribuaient des tracts aux passants.

Parmi ces _____, Adrien, à la retraite depuis six mois, nous explique que ni lui ni sa femme ne sont directement _____ par le projet de loi mais « Ça nous a semblé important de nous joindre au cortège par _____ avec l'ensemble des travailleurs », nous ont-ils dit. Sa femme, Anne, pense que « Le mieux, ce serait d'arriver à reprendre les _____

_____ ». S'ils ne sont pas inquiets pour eux, car, avec leurs 37 années et demie de cotisation, leur retraite est assurée, ils le sont plus pour leurs enfants, leur fils qui travaille dans le _____ commercial et leur fille dont le poste de travail dans un laboratoire de recherche pharmaceutique peut être un jour supprimé.

5 À la une. Reliez les deux colonnes pour rétablir les gros titres.

1) Privatisation d'EDF :　　a) le doute plane

2) Salariés du verre :　　b) bras de fer syndicats - patronat

3) Sages-femmes :　　c) en colère !

4) Acteurs :　　d) les plombs sautent !

5) Métallurgie :　　e) le spectacle est dans la rue

6) Contrôleurs aériens :　　f) ça passe ou ça casse ?

6 Un beau geste. Décrivez chaque photo, dites de quel genre d'association il s'agit et quel est son but.

1) _____

_____

_____

_____

2) _____

_____

_____

_____

7 Des animations à l'hôpital. Complétez ce texte à l'aide des mots de la liste, en conjuguant les verbes, si nécessaire.

aider
dons
partenaires
recueillir
solidaires
bénévoles
soutien
associations
encourager
objectif
prendre en charge
synergie
organiser
assister

Depuis une trentaine d'années, plusieurs _____ ont vu le jour en milieu hospitalier pour faire des animations auprès des enfants malades, les unes fonctionnant avec des comédiens professionnels, les autres avec des _____. Mais tous poursuivent le même _____ : leur idée est d'_____ et de stimuler l'imaginaire de l'enfant malade et sa capacité à rire et à créer.

Une psychopédagogue les _____ dans leur travail et ils agissent en _____ avec le personnel médical.

Certains _____ aussi des ateliers et la vente des produits qui y sont confectionnés permet de _____ plusieurs dépenses.

Mais ces structures comptent aussi de nombreux _____ (particuliers et entreprises) qui _____ des fonds et les _____ à fonctionner grâce à des _____.

Ce _____ financier leur permet de continuer leurs actions _____ auprès des enfants hospitalisés.

Écouter

1 Des nouvelles de La Poste. Écoutez l'information et notez…

1) la mesure annoncée.

_____

_____

2) la réaction face à cette mesure.

_____

_____

3) le nombre de bureaux de poste en France.

_____

4) le nombre de bureaux touchés par cette mesure.

_____

5) la date prévue pour l'application de cette mesure.

_____

2 Dites si les affirmations suivantes sont vraies ou fausses et corrigez, si nécessaire.

	Vrai	Faux
1) La mesure touche moins de la moitié des bureaux de poste.	❏	❏
2) Les syndicats sont certains du nombre de bureaux qui vont fermer.	❏	❏
3) Ces fermetures concernent aussi bien les villes que les campagnes.	❏	❏
4) Certains services de La Poste seront conservés mais réduits.	❏	❏
5) Ce sont les municipalités qui prendront ces services en charge.	❏	❏
6) Les postes des gens qui prendront leur retraite disparaîtront.	❏	❏

3 Écoutez l'interview et notez…

1) les informations sur la personne interrogée.

_____

_____

_____

2) le nom de l'association dont il s'agit et son but.

_____

_____

_____

4 Cochez les 6 phrases qui correspondent à l'enregistrement.

1) Ninon a découvert l'association par le biais d'amis étudiants. ❏

2) Elle a participé à la création de l'association. ❏

3) Cette association a pour but d'organiser des expositions de photos. ❏

4) Elle estime que le travail au sein de l'association commence à porter ses fruits. ❏

5) Elle s'est impliquée dans l'association parce qu'elle se posait des questions sur le monde. ❏

6) Elle souhaiterait que les gens s'intéressent davantage à la réalité des pays du Sud. ❏

7) C'est grâce à ses études en sciences économiques qu'elle s'est intéressée à ces pays. ❏

8) Le centre pour enfants qu'elle a visité aux Philippines a perdu sa vocation première. ❏

9) Des personnes âgées et des mères de famille s'occupent des enfants du centre. ❏

10) Les intempéries de ce jour-là ont accentué son trouble. ❏

11) Elle n'a pu faire aucune photo à cause de la pluie. ❏

12) Elle n'a gardé de Manille que des souvenirs désagréables. ❏

5 Retrouvez dans l'enregistrement les expressions synonymes.

1) agir d'une certaine façon afin d'obtenir un résultat : _____

2) beaucoup de : _____

3) qui cause une impression de déchirement : _____

4) à ne rien faire : _____

Parler

6 Deux jeunes de 16 ans sont sur le point d'arrêter leurs études. Quelles phrases choisirait le conseiller pédagogique de leur lycée et un(e) ami(e) légèrement plus âgé(e) pour les en dissuader ? Complétez le tableau.

1) La branche que vous avez choisie ne convient peut-être pas à votre profil.

2) En plus, vous n'avez pas encore passé d'exams. Attendez pour voir.

3) Pourquoi vous n'en discutez pas avec vos profs ?

4) Il serait quand même intéressant de finir l'année scolaire en cours.

5) Bon d'accord, cette année c'est peut-être un peu dur…

6) Je suis convaincu que vous allez très vite regretter cette décision.

7) Vous savez, moi aussi j'ai failli arrêter, mais maintenant je sais que j'aurais eu tort.

8) Vous traversez une période difficile, je vous l'accorde, mais vous devez réagir.

9) Si vous croyez que travailler est moins dur, alors là, je crois pas.

10) Je suis catégorique. Si vous arrêtez maintenant, ce sera plus difficile de vous y remettre.

11) À mon avis, aller jusqu'au diplôme, c'est un minimum.

12) Sans spécialisation technique, ça sera dur de trouver un boulot.

13) Vous devriez au moins attendre les résultats des examens car vous pourriez être favorablement surpris.

14) Faites-moi confiance. Il est trop tôt maintenant pour décider d'arrêter.

	Les phrases qui s'appuient sur le raisonnement…	Les phrases qui s'appuient sur l'affectivité…
d'un(e) ami(e)		
du conseiller pédagogique		

7 Situation. Un(e) de vos ami(e)s a décidé de démissionner de son poste de cadre supérieur dans une société multinationale pour devenir horticulteur / horticultrice. Vous pensez qu'il / elle est en train de faire un mauvais choix et vous essayez de le / la convaincre de revenir sur sa décision.

Lire

Animé d'un esprit de liberté et sympathisant du mouvement anarchiste, Fred, le personnage principal, a passé sept ans en Russie où il a suivi de près la révolution soviétique de 1917. À son retour en France, il devient ouvrier ajusteur chez Renault.

On savait qui il était. On le tenait à l'œil. Toutefois, pendant les débrayages, à part ce refus du délégué, d'ailleurs signifié dans la plus grande discrétion, Fred ne fut pas placé à l'écart. Il trouvait enfin cette solidarité ouvrière, cette convivialité de classe, qui seules aidaient à supporter la grisaille de la vie prolétarienne. La répétition des horaires, la répétition des gestes, les salaires dérisoires, tout cela pèserait trop lourd si de temps à autre ne s'ouvrait la clairière de la grève. La grève, c'est l'utopie. C'est le temps libre. C'est la fraternité avec les copains. Le salaire est amputé, la gêne s'installe au foyer, mais pendant quelques jours, quelques semaines, dans l'atelier occupé, c'est la fête. Les machines ne produisent plus leur vacarme, les contremaîtres ne hurlent plus leurs ordres, les tapis roulants n'apportent plus les pièces à une cadence qu'il faut suivre, guettant la suivante, la suivante, toujours ; l'usine devient humaine. Puisque l'on n'est plus rivé à son établi, on se rencontre. On se connaît enfin entre collègues. On discute. On chante. On organise soi-même ses horaires pour les piquets de grève. On participe à des meetings. On s'exprime. On parle enfin. C'est un torrent de paroles qui sort de toutes les bouches. Certains questionnaient Fred sur la Russie, puisqu'il y était allé, pourquoi on l'avait chassé ? Il s'efforçait de ramener ses réponses à des choses simples, exposant son admiration pour les premiers soviets, son opposition à la bureaucratisation du Parti, au militarisme de Trotski, à l'élimination des opposants. Il disait : « Formons un soviet chez Renault, mais ne le laissons pas récupérer par la CGT. Menons notre révolution nous-mêmes. Ne nous donnons pas de nouveaux maîtres. » Certains lui tournèrent le dos. D'autres le qualifièrent de trotskiste ; un comble ! Mais il vint aussi des libertaires. La grande industrie en comptait peu, mais que ceux-ci se manifestent rassura Fred. Ils décidèrent de fonder un petit groupe, de continuer leurs réunions après la reprise du travail. Eux que l'on qualifiait d'irréalistes savaient que le plus difficile n'est pas de décider une grève, mais de préparer ce que l'on accomplira après, une fois l'enthousiasme retombé, une fois les minimes augmentations de salaire obtenues, lorsque la laideur de l'usine et la monotonie du travail à la chaîne réengourdiraient les esprits. C'est à ce moment-là qu'on devait agir, prendre la balle au bond et la lancer plus loin, le plus loin possible, vers le plus de devenir.

La Mémoire des vaincus, Michel Ragon, © Albin Michel, avec l'aimable autorisation de l'éditeur

8 Lisez le texte ci-dessus et expliquez ce que vous comprenez par « trotskiste » et « soviet ».

_____

_____

_____

_____

9 Répondez aux questions suivantes.

1) Comment caractérise-t-on la vie prolétaire ?

_____

_____

2) Que représente la grève pour ces travailleurs ?

_____

_____

3) Quels inconvénients présente-t-elle pour les travailleurs en général ?

_____

_____

4) Quels avantages représente-t-elle aussi ? Et pour Fred ?

_____

5) Quels éléments d'information le texte apporte-t-il sur la journée de travail de ces ouvriers ?

_____

6) Qui fait partie du groupe qui reste après la grève ? Pourquoi ? Que prétendent-ils ?

_____

10 Quel sens attribuez-vous à ces mots et expressions ? Soulignez la bonne réponse.

1) tenir à l'œil : surveiller • détester • isoler

2) placer à l'écart : ignorer • se rapprocher • s'aider

3) dérisoire : régulier • insignifiant • brut

4) guetter : s'énerver • avoir peur • surveiller

5) chasser : admettre • admirer • expulser

6) mener : créer • diriger • commencer

7) tourner le dos : appuyer • sympathiser • ignorer

8) engourdir : endormir • rénover • mettre en route

Écrire

11 Vous avez lu cette lettre dans la revue _Temps de travail._ Répondez-y en essayant de convaincre ce salarié de ne pas démissionner et de se battre. Donnez-lui également des conseils et des exemples. (175 mots)

Je suis employé de banque et je travaille de 8h à 17h tous les jours. Il y a six mois, mon chef m'a promis une promotion qui me paraissait enfin la reconnaissance de tous les efforts que j'avais faits jusqu'à ce moment-là pour le bon fonctionnement de mon agence. Malheureusement un collègue, avec qui je collabore habituellement et à qui j'ai tout raconté, a décidé d'intervenir. Il ne fait que me prendre des dossiers, me cacher des papiers dont j'ai besoin pour mon travail pour me discréditer auprès de mon chef. Je ne suis pas arrivé à le démasquer parce qu'il est vraiment très habile. Je suis épuisé par ce jeu et je ne sais plus comment m'y prendre. J'ai même pensé à démissionner. Pourriez-vous m'aider ?

Xavier

● Le subjonctif

1 Choisissez un élément de chaque colonne pour former des phrases.

1) Nous espérons que
2) Je regrette sincèrement que
3) Le contrôleur voudrait que
4) Les prétentieux sont sûrs que
5) Les enfants souhaitent que
6) Antoine a reconnu que
7) Elle est furieuse que
8) Je crains que

a) leurs cadeaux d'anniversaire soient nombreux.
b) son entreprise avait eu tort.
c) Magali soit partie avant son arrivée.
d) la neige ne soit au rendez-vous.
e) personne ne leur est supérieur.
f) la dame lui présente son titre de transport.
g) notre cadeau de mariage vous plaira.
h) sa femme l'ait quitté.

2 Classez les expressions soulignées selon ce qu'elles expriment : obligation (Ob), probabilité (P), souhait (S), doute (D), éventualité (É), opinion (Op).

1) Il se peut qu'elle ait besoin de nous, donne-lui ton numéro de portable. ➡ _____
2) J'espère que tu finiras par reconnaître que c'est moi qui ai raison. ➡ _____
3) Annie n'aime pas ce genre de surprises, elle préfère que tu la préviennes à l'avance. ➡ _____
4) Je ne suis pas sûr que ma femme puisse m'accompagner, elle a trop de travail. ➡ _____
5) Il est fort possible que votre vol soit annulé à cause de la neige. ➡ _____
6) Je ne crois pas que tu sois en mesure de prendre cette décision maintenant. ➡ _____
7) Il n'est pas impossible que nous arrivions en retard car il y aura sûrement des embouteillages. ➡ _____
8) Il faut que Prune fasse sa sieste, sinon elle va être insupportable. ➡ _____

3 Choisissez l'expression qui convient pour compléter les phrases suivantes.

1) Je pense que / ne pense pas que beaucoup de lecteurs se reconnaîtront dans mon histoire.
2) Vous ne craignez pas que / vous ne pensez pas que le concert soit annulé à la dernière minute, s'il se met à pleuvoir ?
3) Il est préférable que / rare que vous achetiez de l'eau minérale, l'eau du robinet n'est pas très bonne.
4) Je pense qu' / comprends qu'on puisse commettre des erreurs, mais il faudrait éviter que cela se reproduise.
5) Je voudrais que / J'espère que le basket aidera ses enfants à être plus sociables.
6) Il est vrai que / Il se peut que Carla m'était antipathique au début, mais maintenant, je trouve que c'est vraiment quelqu'un de bien.
7) Il a fait tout son possible bien que / pour que son fils soit scolarisé dans un établissement bilingue.

4 Complétez les phrases suivantes à l'aide d'une des expressions proposées.

il a peur que ■ *c'est étonnant que* ■ *j'aimerais beaucoup* ■ *je suis bien contente* ■ *il espère que* ■
serait-il possible que ■ *tu souhaites* ■ *il est évident que*

1) _____ vraiment que Michel participe à ce projet ? Je vous croyais en froid !
2) _____ que tu aies enfin compris où était le problème !
3) _____ que Karim vienne chez nous cet été, je vais l'inviter.
4) _____ tu n'aies rencontré personne dans la rue à cette heure-ci.
5) _____ tu n'arriveras pas à déplacer cette table tout seul, elle est trop lourde.
6) _____ tu me recouses ce bouton ? Ça me rendrait bien service.
7) Enzo a fait une bêtise et _____ je le punisse.
8) _____ sa copine sera guérie vendredi car ils ont réservé un hôtel à la mer.

5 Faites parler ces politiques ! Complétez les bulles selon le profil de chacun(e).

1 Elle exige que ....

2 Il aimerait que ....

3 Elle promet que ....

4 Il refuse que ....

la radicale   **l'utopique**   **la démago**   **le contestataire**

6 Conjuguez au subjonctif présent ou au subjonctif passé les verbes entre parenthèses.

1) Mes parents veulent que je _____ à minuit au plus tard. (rentrer)

2) Je suis déçu que tu _____ ton train, j'avais tellement hâte de te revoir ! (rater)

3) S'il veut réussir, il faut absolument qu'il _____ d'attitude. (changer)

4) Ma sœur serait ravie que je _____ cet après-midi et que je lui _____ l'appart pour elle toute seule. (sortir) / (laisser)

5) Marie est soulagée que son petit ami _____ du travail car ils pourront enfin s'installer ensemble. (trouver)

6) Les connaissant, je ne crois pas qu'ils _____ leur erreur. (admettre)

7) Quand il est revenu, le chef était furieux que tous les employés _____ (partir).

8) Didier n'est pas là ? Alors il est possible qu'il _____ chercher les enfants. (aller)

9) Ils sont surpris que nous _____ leur invitation. (ne pas accepter)

10) Je préférerais que vous _____ ça en priorité, c'est vraiment plus urgent. (faire)

7 Au lendemain du premier tour des présidentielles de 2002.

a. Lisez ce témoignage et soulignez les formes verbales correctes.

J'ai honte que mes concitoyens ne soient pas allés / soient allés / aillent s'inscrire sur les listes électorales et qu'ils sont / soient / ont été maintenant les premiers à se plaindre. Il est évident que beaucoup considèrent / avaient considéré / aient considéré le premier tour comme inutile. Les responsables de la présence de Le Pen au second tour ne sont donc pas seulement les électeurs qui lui ont accordé leur voix, mais ce sont également ces électeurs qui ne se soient pas déplacés / se déplaceront / se sont pas déplacés ce jour-là. Alors, il faut que nous nous mobilisons / mobilisions / soyons mobilisé et que nous votions / ayons voté / voterons pour la démocratie. C'est indispensable pour que nous éprouvions / n'éprouvions / n'ayons éprouvé plus jamais ce sentiment de honte horrible qui nous a saisis le soir du premier tour. Flora

b. Complétez ce courriel en conjuguant les verbes entre parenthèses au temps qui convient.

Je suis militante du RPR et j'ai voté pour Chirac. Je suis contente qu'il _____ (passer) au second tour, mais en même temps, je suis profondément triste que l'extrême droite _____ (avoir) autant de voix. Alors, ce qui est important maintenant, c'est que nous _____ (gagner) aussi la majorité aux législatives pour construire une France forte et démocratique. Et puis, il faudrait que l'alternance politique _____ (donner) de l'élan à la nouvelle équipe qui se mettra en place en juin prochain. Je suis convaincue que les hommes neufs _____ (savoir) tenir compte de cette élection pour écouter les vrais problèmes des Français. Élodie

Argent... dépenses... budget...

1 Lisez et répondez à cette enquête.

Votre rapport à l'argent

Quelle que soit votre situation financière, satisfaisante ou insuffisante, votre manière d'approcher l'argent dépend de la vision, plus ou moins matérialiste, que vous avez du monde.

Vous pensez peut-être que l'accumulation de sous vous rendra plus heureux / heureuse ou qu'il vous donnera du pouvoir ? Ou alors, vous préférez attacher de l'importance à l'affectif plutôt qu'à votre porte-monnaie ?

Afin de connaître votre rapport à l'argent, répondez au test suivant.

1
Quand vous n'avez pas le moral, vous...
- ☐ **a)** passez plusieurs heures dans le canapé à regarder la télé.
- ☐ **b)** faites les magasins et achetez tout ce qui vous fait plaisir.
- ☐ **c)** invitez une amie dans un salon de thé.

2
La semaine dernière, vous avez dépensé...
- ☐ **a)** Vous ne savez pas vraiment, vous faites rarement vos comptes.
- ☐ **b)** Vous avez dépensé raisonnablement, ce que vous aviez prévu.
- ☐ **c)** Juste le nécessaire.

3
Un de vos amis a beaucoup d'argent...
- ☐ **a)** Vous aimeriez être à sa place pour pouvoir dépenser sans compter.
- ☐ **b)** Vous l'enviez car il n'a pas de problèmes en fin de mois.
- ☐ **c)** Vous aussi, vous espérez en avoir presque autant dans quelques années.

4
Vous avez prêté de l'argent à un membre de votre famille depuis un certain temps.
- ☐ **a)** Vous le lui rappelez régulièrement pour qu'il n'oublie pas.
- ☐ **b)** Vous lui en touchez un mot discrètement pour qu'il y pense.
- ☐ **c)** Vous attendez patiemment qu'il ait les moyens de vous rembourser.

5
Celui / Celle dont vous êtes follement épris(e) vous invite à dîner. Au moment de payer, il / elle déclare avoir oublié sa carte bancaire :
- ☐ **a)** Vous riez, son côté tête en l'air vous charme.
- ☐ **b)** Finalement il / elle ne vous plaît pas tant que ça et vous êtes déçu(e).
- ☐ **c)** Vous payez mais si vous aviez su, vous auriez commandé un plat moins cher.

6
Si vous gagniez au Loto...
- ☐ **a)** Vous inviteriez votre famille ou vos amis sur une île paradisiaque.
- ☐ **b)** Vous achèteriez un duplex avec terrasse sur les Champs-Élysées.
- ☐ **c)** Vous placeriez tout votre argent et vivriez de vos rentes le restant de vos jours.

2 Observez vos réponses dans leur ensemble et soulignez trois adjectifs qui se rapportent le plus à votre personnalité. Attention, soyez cohérent !

pingre
près-de-ses-sous
radin
gaspilleur
désintéressé
dilapidateur
regardant
prévoyant
dépensier
généreux
économe
raisonnable
flambeur
prudent
avare

3 Après avoir répondu à ce test, Charlotte s'est amusée à écrire son profil. Devinez les mots qui manquent, selon le contexte.

Je pense que je suis plutôt _____. Je ne _____ jamais au-delà de mes possibilités. Je préfère faire quelques _____ chaque mois et les mettre sur mon _____ à la Caisse d'_____, pour avoir de quoi en cas de _____. Je ne « craquerais » vraiment que pour un _____ luxueux en plein centre-ville. Et si je gagnais plus, je crois que je ne changerais rien à mes _____. Peut-être partirais-je un peu plus souvent en week-end ? En tout cas, je ne _____ plus d'argent à mes amis car c'est difficile après de se faire _____. Je ne _____ pas l'argent en femme de ménage, je fais tout moi-même. Mon _____ sur 20 ans me permet de payer tranquillement mon trois pièces.

Politique et institutions

4 Lisez les devinettes suivantes et complétez la grille.

1) Il s'agit d'une opération électorale comprenant le dépôt des bulletins, le dépouillement et la proclamation des résultats.
2) C'est une boîte dans laquelle on dépose les bulletins de vote.
3) C'est une personne civique dont les droits et devoirs sont écrits dans la Déclaration des droits de l'Homme.
4) Il peut se faire à main levée, à huis clos, par procuration…
5) Celui du président de la République française dure cinq ans.
6) C'est la plus petite subdivision administrative du territoire, administrée par un maire.
7) On doit parfois en organiser un autre quand un politique n'est pas élu du premier coup.
8) On la pose quand on se présente à une élection.
9) La ville de Paris en compte 20.
10) Il s'agit de la désignation d'une personne par un vote.

Écouter

1 Une seule pensée. Un peu de réflexion afin de bien comprendre le poème de Paul Éluard.

1) Quelles sensations ou souvenirs vous viennent à l'esprit en entendant le mot « liberté » ?

_____

_____

2) Quelles chansons, œuvres littéraires ou tableaux vous viennent à l'esprit ?

_____

_____

3) De quelle couleur peindriez-vous la liberté ? À quels mots pourriez-vous l'associer ou l'opposer ?

_____

_____

4) Comment la définiriez-vous ? Comme un droit de l'Homme inaliénable ? Comme le droit de vivre librement dans son pays natal ? Ou comme...

_____

_____

2 Écoutez ce poème écrit en 1942, en pleine Seconde Guerre mondiale, et répondez aux questions.

1) À quoi avez-vous été le plus sensible en écoutant ce poème ? À l'émotion du poète ? À la structure du poème ? À certains mots ou images ?

_____

2) Le mot « liberté » revient-il souvent ? À quel moment ? Pourquoi ?

_____

3) À votre avis, à quelle liberté se réfère-t-il ?

_____

4) Quel vers se répète à chaque strophe ? Quel mot revient à presque tous les vers ? Comment peut-on expliquer cette insistance ?

_____

_____

3 a. Réécoutez en lisant la transcription et complétez le tableau ci-dessous.

Lieux	Temps	Objets et éléments	Couleurs
jungle désert	nuit enfance	cahiers pupitre arbres	blanche rouge (sang)

b. Quelle catégorie grammaticale retrouve-t-on le plus : noms, adjectifs, verbes ? Pourquoi ?

_____

Une seule pensée

Sur mes cahiers d'écolier
Sur mon pupitre et les arbres
Sur le sable sur la neige
J'écris ton nom

Sur toutes les pages lues
Sur toutes les pages blanches
Pierre sang papier ou cendre
J'écris ton nom

Sur les images dorées
Sur les armes des guerriers
Sur la couronne des rois
J'écris ton nom

Sur la jungle et le désert
Sur les nids et les genêts
Sur l'écho de mon enfance
J'écris ton nom

Sur les merveilles des nuits
Sur le pain blanc des journées
Sur les saisons fiancées
J'écris ton nom

Sur tous mes chiffons d'azur
Sur l'étang soleil moisi
Sur le lac lune vivante
J'écris ton nom

Sur les champs sur l'horizon
Sur les ailes des oiseaux
Et sur le moulin des ombres
J'écris ton nom

Sur chaque bouffée d'aurore
Sur la mer sur les bateaux
Sur la montagne démente
J'écris ton nom

Sur la vitre des surprises
Sur les lèvres attentives
Bien au-dessus du silence
J'écris ton nom

Sur mes refuges détruits
Sur mes phares écroulés
Sur les murs de mon ennui
J'écris ton nom

Sur l'absence sans désirs
Sur la solitude nue
Sur les marches de la mort
J'écris ton nom

Sur la mousse des nuages
Sur les sueurs de l'orage
Sur la pluie épaisse et fade
J'écris ton nom

Sur les formes scintillantes
Sur les cloches des couleurs
Sur la vérité physique
J'écris ton nom

Sur les sentiers éveillés
Sur les routes déployées
Sur les places qui débordent
J'écris ton nom

Sur la lampe qui s'allume
Sur la lampe qui s'éteint
Sur mes maisons réunies
J'écris ton nom

Sur le fruit coupé en deux
Du miroir et de ma chambre
Sur mon lit coquille vide
J'écris ton nom

Sur mon chien gourmand et tendre
Sur ses oreilles dressées
Sur sa patte maladroite
J'écris ton nom

Sur le tremplin de ma porte
Sur les objets familiers
Sur le flot du feu béni
J'écris ton nom

Sur toute chair accordée
Sur le front de mes amis
Sur chaque main qui se tend
J'écris ton nom

Sur la santé revenue
Sur le risque disparu
Sur l'espoir sans souvenirs
J'écris ton nom

Et par le pouvoir d'un mot
Je recommence ma vie
Je suis né pour te connaître
Pour te nommer

Liberté

Paul Éluard, *Poésie et liberté*, 1942

© Les Éditions de Minuit

4 Comment interprétez-vous la dernière strophe ? Inspire-t-elle de l'optimisme ou du pessimisme ? Le poète semble-t-il confiant en l'avenir ? Quels mots vous permettent de l'affirmer ?

_____

_____

_____

_____

_____

5 Réécoutez ce poème puis lisez-le à voix haute en vous enregistrant, afin de comparer votre lecture à celle que vous venez d'entendre.

6 Cherchez dans le poème 3 expressions permettant de concrétiser l'abstrait et 3 expressions permettant de le personnifier.

Exemples :

- On concrétise l'abstrait ➥ *le moulin des ombres,* _____

_____

_____

- On personnifie l'abstrait ➥ *la montagne démente,* _____

_____

_____

7 De quelle manière sont construites les métaphores suivantes ? Reliez les colonnes.

1) Mon chant est un hurlement.

2) Le jour meurt.

3) La main du hasard.

4) Les autoroutes de l'information.　　　　　**A)** On personnifie.

5) Les voitures rugissent dans la course.　　**B)** On assimile au règne animal.

6) Des sentiments démolis.　　　　　　　　　**C)** On déshumanise.

7) Les sentiers de la communication.　　　　**D)** On concrétise des notions abstraites.

8) Un cœur de pierre.

8 À votre tour, inventez des métaphores.

A) On personnifie ➥ _____

_____

_____

B) On assimile au règne animal ➥ _____

_____

_____

C) On déshumanise ➥ _____

_____

_____

D) On concrétise des notions abstraites ➥ _____

_____

_____

Écrire

9 Vous allez maintenant inventer un poème. Pour cela, lisez d'abord les conseils ci-dessous.

❶ Choisissez un mot qui vous inspire, qui éveille en vous des émotions, des sensations et posez-vous les mêmes questions que celles d'avant l'audition du poème de **Paul Éluard** et notez les mots et expressions qui surgissent spontanément ou par associations.

❷ À la manière de **Paul Éluard**, écrivez quelques strophes commençant par " pour ", " comme " ou " avec ".

❸ Prenez votre plus belle plume et écrivez les phrases qui se forment tout naturellement autour de ces mots puis ordonnez les phrases écrites pour donner à votre poème la structure que vous désirez.

N'oubliez pas d'inventer des métaphores !

Parler

10 Monologue. Choisissez, parmi les mots suivants, celui que vous préférez : Amour, Guerre, Mer, Vie, Argent.
En vous aidant, si nécessaire, des points proposés dans l'activité préalable à l'écoute du poème (cf. n°1, p. 32), dites librement ce que ce mot vous inspire.

● Les pronoms relatifs composés

1 Choisissez la préposition ou la locution prépositionnelle correcte.

1) Le grossiste *dans / pour / sans* lequel travaillent Laure et Pierre propose des prix très intéressants.

2) Le roman *grâce / pour / par* auquel Pierre Desponges est connu a reçu le Prix Interlivres.

3) La personne *avec / à / chez* qui j'ai demandé mon chemin ne connaissait pas du tout le quartier.

4) J'ai décidé de vendre la moto *dans / grâce / avec* laquelle j'ai eu un grave accident.

5) C'est un nageur exceptionnel *pour / avec / sans* lequel l'équipe n'aurait remporté aucune victoire.

6) Les semaines *après / au bout / pendant* lesquelles il a été absent lui ont paru bien courtes.

7) Suivez cette rue *au bout de / au cours de / le long de* laquelle il y a une épicerie, puis tournez à droite.

8) C'est une question *sur / avec / dans* laquelle je n'ai jamais voulu me pencher.

2 Choisissez un élément de chaque colonne pour former toutes les phrases possibles.

1) Je vais te présenter mes parents	à qui	a) je n'avais pas songé.
2) Antoine est un ami	auquel	b) ils ont gagné la coupe.
3) Elle ne supporte plus la façon	auxquels	c) j'éprouve beaucoup d'affection.
4) C'est une photo de ma grand-tante	avec lequel	d) j'ai beaucoup parlé de toi.
5) C'est l'entraîneur grâce à l'aide	en qui	e) ses parents lui parlent.
6) Les jeunes	dont	f) tu as proposé le travail sont d'accord.
7) L'homme	duquel	g) j'ai une confiance absolue.
8) Tu as tout à fait raison, c'est un aspect	pour qui	h) tu m'as vue est mon frère.

3 Complétez les définitions suivantes puis devinez de quoi on parle.

1) C'est un document sans _____ on ne peut généralement pas voyager à l'étranger. ⇒ _____

2) Ce sont des bateaux dans _____ les touristes font des promenades sur la Seine. ⇒ _____

3) C'est quelqu'un sur _____ on compte lorsqu'on a un problème. ⇒ _____

4) C'est un sport _____ la plupart des hommes s'intéressent. ⇒ _____

5) C'est un musée devant _____ se trouve une pyramide en verre. ⇒ _____

6) C'est une loi selon _____ le coupable subit le même traitement que sa victime. ⇒ _____

7) Ce sont des lieux à l'intérieur _____ il est impossible de retrouver la sortie. ⇒ _____

8) C'est un laps de temps au cours _____ on ne travaille pas ⇒ _____

4 Faites une seule phrase en évitant les répétitions.

1) Je ne retrouve plus le carton. J'ai rangé mon dictionnaire d'allemand dans ce carton.

_____

2) J'ai reçu un appel de mon éditeur. Je dois rendre un manuscrit à mon éditeur.

_____

3) C'était un texte très difficile. Je n'ai rien compris à ce texte.

_____

4) Patrick est mon bras droit. Sans Patrick, l'entreprise ne tournerait pas.

_____

5) Ils ont vécu une situation très dure. Ils n'étaient pas du tout préparés à cette situation.

_____

6) Je te conseille ce psychologue. Grâce à l'aide de ce psychologue, j'ai réussi à surmonter mon divorce.

_____

5 Réécrivez les phrases en les transformant, afin de leur donner un sens équivalent.

1) Tu travailles dans une entreprise qui a réalisé d'énormes bénéfices cette année.
L'entreprise _____

2) Marie a appelé son avocat à propos de ce licenciement, qui lui semble abusif.
Le licenciement _____

3) Elle s'est renseignée sur des cours d'anglais qui ont l'air très bien.
Les cours _____

4) Nous avons voté pour un candidat qui nous a franchement déçus.
Le candidat _____

5) Il se trouve au cœur des négociations, qui sont censées résoudre le problème.
Les négociations _____

6) Les habitants manifestent contre l'insécurité qui ne cesse d'augmenter.
L'insécurité _____

● L'expression du lieu

6 Choisissez l'expression de lieu qui convient dans les phrases suivantes.

1) Nous avons planté un olivier *au fond du / par le / autour du* jardin et un citronnier *entre / à côté / au milieu* les deux orangers.

2) Plusieurs personnes se sont noyées *en / sur / dans* cette mer, elle est très dangereuse.

3) Il nous a envoyé une jolie carte *d' / de l' / depuis* Angleterre.

4) C'est dangereux de camper *au fond de / autour de / au bord de* la falaise.

5) Daniel passe ses vacances à jouer aux cartes *sur / dans / chez* sa terrasse.

6) Ils ont monté leur tente *dans / par / à* la vallée.

7) Nous irons *chez / près de / devant* Odile et nous dormirons *vers / en / dans* le grenier.

8) Vous partez déjà ? Alors je vous accompagne *le long du / jusqu'au / au bout du* mûrier de l'entrée.

9) Je dois passer *chez l' / par l' / à l'*épicerie et *chez le / au / du* boucher pour le dîner de ce soir.

10) Il a passé un an *dans l' / en l' / sur l'*île d'Elbe, *pas derrière / loin de / à côté de* la côte toscane.

7 Complétez ces descriptions de gîtes ruraux à l'aide d'une des expressions qui vous sont données dans le désordre.

> *à* ■ *à l'* ■ *à proximité des* ■ *attenant à* ■ *au* ■ *au cœur* ■ *au milieu des* ■ *dans* ■
> *dans le* ■ *dans un* ■ *face* ■ *loin des* ■ *où* ■ *sur* (5 fois) ■ *y*

_____ le village de Saint Pons, cette maison restaurée se trouve _____ une place. Le logement comprend _____ rez-de-chaussée : cuisine et salon et _____ étage, 2 chambres et salle d'eau avec W.-C. indépendants. Le gîte dispose d'un jardin clôturé _____ aux côteaux de Montbuis.

Gîte totalement indépendant _____ une exploitation agricole. _____ Gorges de l'Aveyron. Il s'agit d'une ancienne bergerie _____ 3 niveaux rénovée _____ hameau de Mandirac _____ la commune de Meyris. Vous êtes ici _____ d'une région touristique _____ de nombreuses balades vous attendent. Commerces _____ 18 Km.

Gîte _____ un corps de bâtiments, situé _____ petit village, au calme, _____ prés et des bois, _____ voies à grande circulation. Piscine _____ place. Idéal pour tous genres de randonnées. Même les plus exigeants seront séduits par ce gîte de caractère. Venez _____ savourer vos vacances.

Ronde des mots

1 Retrouvez la première lettre de ces mots relatifs au langage. Une piste : chaque mot commence par une lettre différente.

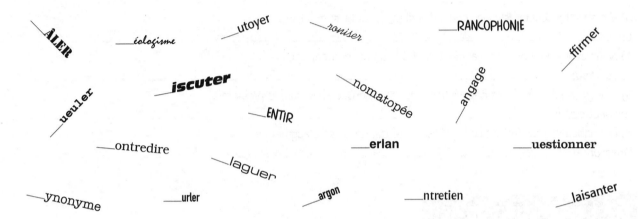

__ÂLER __éologisme __utoyer __roniser __RANCOPHONIE __ffirmer

__iscuter __nomatopée __angage

__ueuler __ENTIR __erlan __uestionner

__ontredire __laguer

__ynonyme __urler __argon __ntretien __laisanter

2 La formation des mots. Lisez les définitions et devinez les mots correspondants.

a. Le suffixe -phone.

1) __ PHONE : qui n'a plus de voix.

2) __ __ __ __ __ __ __ PHONE : qui parle allemand.

3) __ __ __ __ __ PHONE : qui parle anglais.

4) __ __ __ __ __ __ PHONE : qui parle espagnol.

5) __ __ __ __ __ PHONE : magnéto très utile aux secrétaires.

6) __ __ __ __ __ PHONE : appareil de communication téléphonique intérieure.

b. Le suffixe -graphe.

1) __ __ __ GRAPHE : personne qui écrit ou fait le récit de la vie d'une autre personne.

2) __ __ __ __ GRAPHE : dédicace que signe une personne à ses fans et admirateurs.

3) __ __ __ __ __ GRAPHE : personne dont l'outil de travail peut être un appareil numérique.

4) __ __ __ __ __ GRAPHE : instrument servant à écrire (mot généralement utilisé sous sa forme abrégée).

5) __ __ __ __ GRAPHE : un texte un peu long en comprend plusieurs.

6) __ __ __ __ __ GRAPHE : avec 10/10 en dictée, elle ne vous pose aucun problème.

3 Aux 4 coins de la francophonie. Découvrez des expressions de certains pays ou régions francophones et retrouvez leur signification dans la deuxième colonne.

1) un alphabète (Burkina Faso)	a) l'amant d'une femme
2) magasiner (Québec)	b) un accordéon
3) un coco rasé (la Réunion)	c) avoir un accent chantant
4) un chéri-coco (Sénégal)	d) faire les courses
5) un coup de soleil (Haïti)	e) une femme enceinte
6) mettre l'air dans la parole (la Réunion)	f) marcher à pied
7) une musique à bras (Louisiane)	g) un petit ami
8) une prémaman (Val d'Aoste)	h) un coup de foudre
9) prendre le train 11 (Niger)	i) un homme presque chauve
10) un sous-marin (Bénin)	j) déposer quelqu'un en voiture
11) verser quelqu'un (Côte d'Ivoire)	k) personne qui sait lire et écrire

4 *Le Rouge et le noir.* Voici quelques phrases extraites du roman de Stendhal.

Trouvez dans le tableau des phrases proches ou équivalentes et précisez le registre utilisé.

1) Madame de Rénal en versa quelques larmes.　　　B / e

2) Sa félicité redoublait.　　　__ / __

3) Madame, toutes vos petites menées sont connues.　　　__ / __

4) Je vais faire la cour à Madame de Fervaques.　　　__ / __

5) Monsieur de Thaler se permit des plaisanteries dénuées de finesse.　　　__ / __

6) Elle ne parut pas au dîner.　　　__ / __

7) Longtemps Julien fut laissé à ses réflexions.　　　__ / __

8) Il entendait de singulières choses.　　　__ / __

Français standard	Français familier ou argot
A) Elle ne s'est pas présentée au dîner.	**a)** Il a lancé des vannes bien lourdes.
B) Elle a pleuré un peu.	**b)** Elle était trop contente.
C) Il est resté pensif un long moment.	**c)** Je vais l'emballer, la meuf.
D) Nous sommes au courant de vos manigances.	**d)** Elle a pas bouffé le soir.
E) Il entendait des propos étonnants.	**e)** Elle a chialé un peu.
F) Son bonheur grandissait.	**f)** Il entendait des trucs zarbis.
G) Il a dit des blagues peu raffinées.	**g)** Il s'est pris la tête un bon moment.
H) Je vais la draguer.	**h)** On n'est pas dupes de vos combines.

5 Complétez les phrases avec les expressions suivantes, transformées, si besoin est.

avoir le dernier mot ■ *peser ses mots* ■ *en toucher un mot à quelqu'un* ■ *prendre quelqu'un au mot* ■
ne pas mâcher ses mots ■ *le fin mot de l'histoire* ■ *mot à mot* ■ *avoir son mot à dire* ■ *avoir des mots*

1) Tout est réglé, mais n'oubliez pas que dans cette affaire, moi aussi, j'_____ !

2) La négociation a été dure mais finalement, j'_____.

3) Pouvez-vous lui _____ dès qu'il arrivera, s'il vous plaît ?

4) Il a dû raccrocher, si bien qu'on ne connaît toujours pas _____.

5) Chloé et Romain ne se parlent plus, je crois qu'ils _____ ensemble.

6) Tu plaisantais peut-être mais il t'_____, alors maintenant, il faut assumer.

7) N'essaie pas de traduire _____, l'essentiel est de comprendre l'idée générale.

8) Elle est un peu parano ; avec elle, il faut toujours bien _____.

9) Vicent a un sacré caractère ! Quand il est en colère, il _____.

6 Synonymes. Remplacez dans les phrases suivantes le verbe *dire* par un verbe de la liste ci-dessous.

avouer ■ *confier* ■ *prétendre* ■ *annoncer* ■ *répéter* ■ *conseiller* ■ *expliquer* ■ *plaire*

1) Elle était vraiment triste de repartir, mais elle ne l'avait dit qu'à sa meilleure amie. ➡ _____

2) Il se donne de grands airs et dit qu'il est issu d'une famille de nobles, mais il n'en est rien. ➡ _____

3) Je vous ai déjà dit cent fois de frapper avant d'entrer dans mon bureau. ➡ _____

4) Il a fini par dire à sa sœur que c'était lui qui lui avait pris les 10 euros sur son bureau. ➡ _____

5) Est-ce que ça te dirait de sortir faire un tour ? Moi, j'ai le temps aujourd'hui. ➡ _____

6) J'ai été très déçu quand mes parents m'ont dit qui était le père Noël. ➡ _____

7) Ils lui ont dit de ne pas rester trop longtemps au soleil après le déjeuner. ➡ _____

8) Ce n'est pas à vous de dire que je suis enceinte ! ➡ _____

Écouter

1 Interview d'une traductrice. Écoutez l'interview et cochez les options correctes.

1) C'est…

a) en faisant des études d'anglais que la traductrice s'est orientée vers la traduction.

b) en allant en Angleterre qu'elle a appris à traduire.

c) en travaillant dans une entreprise anglaise qu'elle a commencé à traduire.

2) Son choix de travailler comme traductrice est lié…

a) à une décision personnelle.

b) aux conseils d'un professeur d'université.

c) à un concours de circonstances.

3) Elle a…

a) reçu en même temps une formation pratique et théorique.

b) eu une expérience pratique avant de recevoir une formation théorique.

c) suivi une formation théorique avant de travailler comme traductrice.

4) Selon elle,…

a) la traduction n'exige pas une formation spécifique.

b) la formation spécifique est souhaitable si on veut s'améliorer.

c) le travail de traduction s'améliore avec la pratique.

5) La traduction assistée…

a) est plus valable, selon elle, que la traduction automatique.

b) et la traduction automatique se valent.

c) ne l'intéresse pas, contrairement à la traduction automatique.

6) Traduire c'est…

a) avant tout un art.

b) avant tout une technique.

c) un mélange des deux.

2 À quoi la personne compare-t-elle la traduction ? Pour quelles raisons ?

_____

_____

3 Relevez les 6 principes de base qu'elle enseigne à ses étudiants.

1) _____

_____

2) _____

_____

3) _____

_____

4) _____

_____

5) _____

_____

6) _____

Parler

4 Reliez les deux colonnes.

	- C'est tout ce que je voulais dire.
	- Comme tu disais…
1) Prendre la parole	- En effet !
	- Encore un mot et je conclus.
2) Reprendre une idée de son interlocuteur	- Imaginons que…
	- Mon exposé touche à sa fin.
3) Illustrer au moyen d'exemples	- Je n'ajouterai rien d'autre.
	- Je peux ajouter quelque chose ?
4) Indiquer la fin de son intervention	- Je vois, oui.
	- Je vous écoute.
5) Finir une intervention	- Je vous suis.
	- Prenez le cas de…
6) Encourager son interlocuteur	- Puisque tu me demandes mon avis…
	- Finis de raconter ce que tu voulais dire.
	- Un point, c'est tout.
	- Vous le disiez tout à l'heure…

5 Cherchez d'autres expressions pour chacun des actes de parole précédents.

1) _____
2) _____
3) _____
4) _____
5) _____
6) _____

6 Situation. Expliquez dans quelles situations et dans quels contextes vous êtes amené(e) à utiliser les langues étrangères que vous connaissez et si vous le faites plus à l'oral ou à l'écrit.

Lire

L'écrivain public

« **Mon cher Trésor…** » Ce n'est pas vraiment en ces termes que l'on écrit aux impôts. Pour tout courrier, administratif ou personnel, l'écrivain public est là pour aider ceux qui sont fâchés avec l'écrit ou la paperasse : dossiers d'allocations familiales, rédaction de C.V., litiges entre voisins… […]
Les demandes qui lui sont faites sont donc diverses, le domaine administratif étant toutefois le plus représenté.
Il assure aussi un rôle d'intermé-diaire, permettant à ceux qui viennent le voir d'établir un contact et de maintenir un lien, avec des interlocuteurs variés, au-delà de leurs difficultés en lecture et en écriture. Contrairement aux idées reçues, l'écrivain public n'est pas uniquement sollicité par des personnes ne sachant ni lire, ni écrire. Son travail peut également l'amener à rédiger des mémoires, que ce soit pour un particulier qui souhaite faire le récit de son existence, ou pour une entreprise qui veut garder trace de son passé.

Ouvrages, rapports, monographies, travaux littéraires (réécriture, préparation de manuscrits), tout type de rédaction peut lui être confié.
Le sens du contact est primordial. Même s'il n'est pas soumis au secret professionnel, l'écrivain public s'y sent tenu et respecte la confidentialité des propos tenus. Chacun exerce en fonction de sa personnalité et de son sens des affaires.
Actuellement, les écrivains publics sont 350, officiellement déclarés.

Écrivain public en 235 heures

Le diplôme, conçu dans le cadre de la formation continue, crédibilise ce métier reconnu d'utilité publique et en pleine évolution. Et l'université de Toulon et du Var est la seule en France à le proposer. Pour obtenir le diplôme universitaire (DU) d'écrivain public et d'auteur conseil, une quinzaine de volontaires de tous âges s'est retrouvée cette année sur les bancs de l'université. La préparation de ce diplôme est ouverte aux titulaires du baccalauréat et aux personnes d'un niveau équivalent, reconnu par la procédure de validation des acquis professionnels.

L'université de Toulon et du Var a donc mis en place une formation interdisciplinaire. Elle se déroule sur une année, d'octobre à mai, pour 235 heures (24 heures de cours par semaine). Un stage de quatre semaines est prévu en mai dans des associations, des mairies, des services de solidarité. (Inscriptions d'avril à septembre).

© **Académie des écrivains publics de France**

Madame, Monsieur,

[...] Vous trouverez ci-après des informations sur la profession d'écrivain public qui répondront, nous l'espérons, aux questions que vous vous posez.

1) Contrairement à une idée véhiculée par les médias, la profession d'écrivain public ne correspond pas à un travail d'appoint. L'écrivain public est un professionnel libéral qui doit disposer pour recevoir ses clients d'un local réservé à cet usage. Il est soumis à toutes les charges et impôts de cette catégorie. Il doit créer puis « fidéliser » sa clientèle. Il est prudent de disposer d'un petit capital au départ : la rentabilité n'est pas immédiate.

2) La clientèle de l'écrivain public ne se limite pas aux illettrés ou aux personnes possédant mal la langue française. Elle comprend tous les publics, de tous âges, de toutes professions et de tous milieux sociaux.

3) L'essentiel pour l'écrivain public n'est pas d'être bien équipé en matériel informatique, certes indispensable, mais de savoir bien rédiger toutes sortes d'écrits, d'avoir une orthographe parfaite, de connaître les pièges de la langue française et de la syntaxe. L'écrivain public doit en outre être familiarisé avec les rouages administratifs et judiciaires. Il doit enfin posséder le sens de l'écoute et savoir analyser puis synthétiser rapidement une situation pour rédiger un écrit efficace.

4) La profession d'écrivain public n'est pas encore réglementée. L'Académie des écrivains publics de France (A.E.P.F.) accorde la qualité de membre aux postulants ayant fait la preuve de leurs compétences rédactionnelles au moyen de tests écrits et oraux. L'écrivain public agréé doit exercer effectivement la profession et s'interdit le bénévolat. Un diplôme Bac + 3 est requis pour présenter une demande d'agrément (exceptionnellement, certains dossiers ne répondant pas à cette exigence peuvent être acceptés après examen de leur recevabilité par le conseil d'administration). Toute demande doit être transmise au secrétaire général Mme Catherine BASTIEN - 9 rue de l'abbé Carton - 75014 PARIS - Fax 01.45.39.73.95.

5) Riche de son expérience, notre association organise chaque trimestre des journées d'information, moyennant une participation de 183 euros incluant le repas de midi.

Pour tout renseignement et pour les inscriptions, veuillez prendre contact par courrier postal ou par fax avec : Olivier de CHAZOURNES, 16 rue Sainte-Claire, 74000 ANNECY.

http://aepf.free.fr/

---

7 Lisez les textes et répondez aux questions.

1) À qui s'adresse chacun des textes ? Justifiez votre réponse.

_____

_____

2) Sur quelles informations insiste-t-on dans chaque texte ? Pourquoi ?

_____

3) Qui peut avoir besoin de recourir à un écrivain public ?

_____

4) Quel genre de textes l'écrivain public est-il amené à écrire ?

_____

5) Comment peut-on devenir écrivain public ?

_____
_____

6) Quelles sont les meilleures conditions de travail pour un écrivain public ?

_____
_____

7) Quelles sont les qualités nécessaires pour exercer ce métier ? Pourquoi ?

_____
_____
_____

8 **Dites si les phrases suivantes sont vraies ou fausses.**

	Vrai	Faux
1) Le métier d'écrivain public est à la mode actuellement.	❑	❑
2) Un écrivain public doit surtout connaître le traitement de texte.	❑	❑
3) Il doit exercer cette activité à temps complet.	❑	❑
4) Il doit savoir interpréter et formuler les demandes de ses clients.	❑	❑
5) L'AEPF organise des cours de formation pour devenir écrivain public.	❑	❑
6) Divers procédés permettent d'obtenir la reconnaissance des capacités à exercer le métier d'écrivain public.	❑	❑

9 **Complétez ce texte à l'aide de l'un des mots trouvés dans les textes.**

L'écrivain public est un professionnel _____ qui doit payer les charges et impôts qui incombent à cette activité. Il a intérêt à _____ sa clientèle pour rentabiliser son travail. C'est pourquoi il doit avoir le sens des _____. Les _____ aussi bien que ceux qui ont des difficultés avec la langue française ou ont des problèmes avec la _____ sont des clients potentiels.

Écrire

10 Le métier d'écrivain public vous intéresse. Vous écrivez à Olivier Poisier (olivierposier@alsace-orientation.fr) pour lui demander des renseignements pratiques sur le cours de formation (contenus, prix, calendrier…) et des précisions sur les débouchés de ce diplôme. Précisez-lui votre situation personnelle (études, profession, motivations…). (175 mots)

_____
_____
_____
_____
_____
_____
_____ (…)

● L'expression du temps : antériorité, postériorité, simultanéité

1 Choisissez l'expression qui convient pour compléter les phrases suivantes.

1) Mon chat s'est sauvé *pendant / pendant que* je dormais.
2) *Dès / Dès que* son départ à la retraite, il a commencé à suivre des cours de polonais.
3) Un accident s'est produit *après / après que* le décollage de l'avion.
4) Je n'aurai pas le temps de le voir *avant d' / avant qu'*il parte.
5) *En attendant / En attendant de* son arrivée, je vais commencer à préparer le dîner.
6) Je te le répéterai *jusqu'à / jusqu'à ce que* tu comprennes.
7) Nos bénéfices ont doublé *depuis / depuis qu'*il est responsable de recherche.
8) Je lirai ces dossiers *en attendant que / en attendant de* vous ayez fini vos comptes.

2 Reconstituez 6 citations célèbres.

1) *Nous courons sans souci dans le précipice, après que nous*
2) *Il faut que les buts que tu te fixes soient clairs et précis dans ton esprit avant de*
3) *Pour être un bon père il y a une règle absolue : ne pas regarder ses enfants jusqu'à ce qu'*
4) *Les gens deviennent rarement célèbres pour ce qu'ils disent jusqu'à ce qu'*
5) *L'avenir a ceci de fâcheux, c'est qu'il arrive avant que'*

a) *nous ayons eu le temps de nous y préparer. (Anonyme)*
b) *ils soient célèbres pour ce qu'ils ont fait. (Cullen Hightower)*
c) *avons mis quelque chose devant pour empêcher de le voir. (Blaise Pascal)*
d) *chercher à les atteindre. Garde-les en mémoire jusqu'à ce qu'ils deviennent une seconde nature. (Les Brown)*
e) *ils aient deux ans. (Ernest Hemingway)*

www.citationsdumonde.fr

3 Mettez les verbes entre parenthèses au temps et au mode qui conviennent.

1) J'éteindrai le feu après que vous _____ (partir).
2) Une fois qu'il aura compris le texte, il _____ (pouvoir) le traduire.
3) Dès que les chanteurs sont arrivés sur le plateau, les fans _____ (se mettre) à crier.
4) Je partirai avant que mes parents _____ (revenir) de vacances.
5) Nous prendrons notre décision après _____ (analyser) toutes les possibilités.
6) Elle a décidé d'insister jusqu'à ce qu'il _____ (accepter) de l'accompagner.
7) Les cambrioleurs ont quitté la maison aussitôt que les voisins _____ (donner) l'alarme.
8) Avant de _____ (partir), je voudrais que tu ranges tes affaires.

4 Indiquez la valeur des propositions en italique par rapport aux propositions principales : antériorité (a), postériorité (p) ou simultanéité(s).

1) J'aimerais que tu rentres à la maison *dès que le match sera terminé.* ➡ _____
2) *Lorsque je suis arrivée,* le concierge venait de distribuer le courrier. ➡ _____
3) Jessica m'a téléphoné *aussitôt qu'elle est descendue de l'avion.* ➡ _____
4) Répondez aux questions *après avoir bien lu le texte.* ➡ _____
5) J'en ai pour une petite demi-heure, *tu veux bien passer l'aspirateur pendant ce temps-là ?* ➡ _____
6) Nous regardons un film à la télé *en attendant que la pluie cesse de tomber.* ➡ _____

● La mise en relief

5 Réécrivez les phrases suivantes en mettant en relief les éléments soulignés.

1) <u>Les Américains</u> n'ont pas la même conception que l'Union européenne sur la propriété intellectuelle.

_____

2) Cette idée a suscité <u>beaucoup de déceptions</u> lorsque certains États ont ignoré les propositions des ONG.

_____

3) <u>La difficulté</u> à recueillir des engagements fermes en a également amené certains à se montrer plus persuasifs.

_____

4) On doit <u>bien évidemment</u> s'opposer à la fabrication d'armes nucléaires.

_____

5) Il faut partager les résultats de la recherche médicale <u>afin de mieux en faire profiter la planète.</u>

_____

● L'opposition et la concession

6 Choisissez la bonne réponse.

1) Elles sont parties en auto-stop _pourtant / malgré / quand même_ l'interdiction de leurs parents.
2) Je sais qu'elle me trompe _bien que / alors que / pourtant_ je continue à l'aimer.
3) _Au contraire / À la place de / Au lieu de_ passer ton temps à te plaindre, tu pourrais faire quelque chose de constructif.
4) Ton orthographe n'est pas géniale _toutefois / bien que / même si_ tu aies fait d'énormes progrès.
5) La natalité ne cesse de diminuer en Europe, _en revanche / bien qu' / tandis que_ en Afrique elle est très élevée.

7 Reliez les deux phrases en variant les expressions utilisées.

1) Le film était un vrai navet. Nous nous sommes bien amusés.

_____

2) Il n'aime pas beaucoup le théâtre. Il est fou de comédies musicales.

_____

3) J'ai suivi toute la conférence avec intérêt. Je n'y comprenais pas grand-chose.

_____

4) Nous n'avons pas pu assister au vernissage. Nous en avions très envie.

_____

5) Cet écrivain a reçu le prix Nobel. C'est un écrivain mineur.

_____

8 Révision. Une erreur s'est glissée dans chacune des phrases suivantes : trouvez-la et corrigez-la.

1) 40 % des gens interrogés disent avoir voté pour Chirac, pendant que 10 % avouent avoir soutenu Le Pen.

_____

2) Bien qu'il m'a expliqué maintes fois cette théorie, je n'arrive toujours pas à comprendre.

_____

3) Je ne pourrai pas te donner ma réponse avant que ma femme est rentrée du bureau.

_____

4) C'est moi qui est d'accord ; Arnaud, lui, il ne veut pas en entendre parler.

_____

La page des arts

1 Associez.

1) une critique
2) un article
3) un feu
4) l'inauguration
5) la première
6) le guide
7) un spectacle
8) une séance

a) d'artifice
b) de cinéma
c) de film
d) de journal
e) d'un monument
f) d'une pièce de théâtre
g) des spectacles
h) de danse

2 Du bon et du mauvais. Retrouvez les adjectifs qui correspondent à leur avis sur le film à la sortie du cinéma.

1) « Ah ! j'ai vraiment trouvé les paysages très beaux. »   M _ _ _ _ _ _ _ _
2) « J'ai été impressionné par le jeu des acteurs ! »   É _ _ _ _ _ _ _ _ _
3) « Je m'attendais à autre chose, je reste sur ma faim. »   D _ _ _ _ _ _ _
4) « On a du mal à croire à l'histoire. »   I _ _ _ _ _ _ _ _ _ _ _ _ _
5) « C'est du jamais vu, c'est plein de trouvailles. »   O _ _ _ _ _ _ _
6) « Ça m'a tenu en haleine tout au long du film. »   C _ _ _ _ _ _ _ _ _
7) « Je n'ai pas trouvé ça réussi. »   R _ _ _ _
8) « Moi, j'ai failli m'endormir, c'était soporifique ! »   E _ _ _ _ _ _ _ _
9) « J'appelle ça un chef-d'œuvre ! »   S _ _ _ _ _ _ _

Le déjeuner, Claude Monet

3 Décrivez le tableau ci-contre : situez les personnages, les objets ou autres éléments. Imaginez les couleurs utilisées. Quelles impressions ou sensations provoque-t-il chez vous ?

_____
_____
_____
_____
_____
_____
_____
_____
_____
_____

4 Soulignez l'intrus.

1) Musique : acoustique • partition • solo • compositeur • représentation
2) Cinéma : ouvreuse • directeur • figurant • écran • sous-titres
3) Théâtre : entracte • loges • séance • décor • coulisses
4) Danse : ballerine • tutu • chorégraphe • balai • pirouette
5) Cirque : acrobate • doublage • trapèze • jongleur • clown
6) Peinture : palette • argile • chevalet • toile • pinceaux

5 Bande à part. Complétez ce texte sur un auteur de BD avec les mots proposés. Attention aux accords.

dessinateur ■ *s'inspirer* ■ *scénariste* ■ *histoire* ■ *talent* ■ *personnages* ■
gag ■ *art* ■ *album* ■ *créer* ■ *album* ■ *amateur*

Il est devenu _____ de BD après avoir fait l'école des Beaux-Arts. Pour créer ses _____, il _____ souvent des gens qu'il a pu côtoyer. Il estime que, dans cet _____ particulier qu'est la bande dessinée, il est très difficile de séparer les différents éléments : dessin, _____, couleurs, héros. Et pour cette raison, il est aussi, la plupart du temps, le _____ de ses BD. Un autre aspect important pour lui, c'est de trouver des _____ qui feront rire le lecteur. Il a su _____ un univers très particulier, un peu farfelu et il s'est imposé dans le milieu par son _____ et son originalité.
Son prochain _____ paraîtra pour le festival d'Angoulême, le grand rendez-vous des _____ du genre. Alors, patience, il ne reste plus très longtemps à attendre !

6 *Nuit blanche.* Complétez cet article à l'aide des mots de la liste.

visiteur ■ *rêver de* ■ *réalisateur* ■ *public* ■ *projection* ■ *exposition* ■ *galerie d'art* ■ *événement* ■
enthousiaste ■ *culturel* ■ *affluence* ■ *atmosphère* ■ *critiquer* ■ *atelier* ■ *lumineux*

Tout comme Montréal et Bruxelles, Paris a vécu une nouvelle *Nuit Blanche*.
Cette manifestation _____ a connu, cette année aussi, une large _____, près d'un million de personnes selon la Mairie de Paris.
Plus d'une centaine d'_____ artistiques étaient programmés dans différents quartiers et certaines _____ ont créé un effet de surprise chez les _____, dans leur majorité peu familiers des _____ contemporain : ce fut le cas des ronds _____ dans la cour du Crédit Municipal.
Par contre, le bal populaire aux Halles a fait beaucoup d'heureux. À l'Entrepôt, on pouvait assister à des _____ de courts-métrages de jeunes _____.
Pour ceux qui _____ avoir un rôle plus actif, la Cité Universitaire organisait des _____ gratuits de photo, infographie et autres, et les plus sportifs pouvaient prendre un bain de minuit dans une eau colorée par des spots et sur fond musical.
On respirait partout une _____ festive, plus animée certes sur les lieux des concerts. Dans l'ensemble, le _____ s'est montré _____, même si quelques personnes _____ le coût global de l'opération et mettent en doute son utilité.

7 Associez les expressions imagées.

1) Tu racontes sans cesse la même chose.
2) Personne ne s'attendait à ta décision.
3) C'est toujours la même histoire !
4) On ne te croit pas ! c'est du bluff !
5) Ne te précipite pas, on a le temps !
6) Tu le détestes.
7) Tu rêves !

a) Quel coup de théâtre !
b) Change de disque !
c) Tu joues la comédie !
d) N'essaie pas d'aller plus vite que la musique !
e) Tu ne peux pas le voir en peinture.
f) On connaît la chanson !
g) Tu te fais du cinéma !

8 La formation des mots. Complétez avec des verbes formés à partir de l'adjectif entre parenthèses.

1) Elle était plutôt timide et quand un inconnu lui adressait la parole, elle _____. (rouge)
2) Cet écrivain _____ des pages et des pages avant d'être satisfait du résultat. (noir)
3) Ces photos, prises à la naissance de ma mère, _____. (jaune)
4) Il était assez énervé mais quand son adversaire l'a insulté, il _____ de colère. (pâle)
5) Le ciel s'_____ brusquement et il s'est mis à pleuvoir. (obscur)

Écouter

1 Écoutez cette conversation entre 3 personnes et choisissez l'option correcte.

1) L'une des deux femmes demande à l'autre d'expliquer à Fred…
   - a) le projet qu'elle est en train de mettre sur pied à *Gratisbourg*.
   - b) le spectacle qu'un groupe d'amis avait monté à *Gratisbourg*.
   - c) sur quoi est basé *Gratisbourg*.

2) *Gratisbourg* a eu lieu dans…
   - a) l'ensemble des rues.
   - b) une seule rue.
   - c) quelques rues.

3) Il concernait le…
   - a) 5e arrondissement.
   - b) 10e arrondissement.
   - c) 14e arrondissement.

4) L'argent…
   - a) servait à payer les services rendus.
   - b) servait à payer les artistes.
   - c) ne circulait pas.

5) Ce spectacle a été organisé par…
   - a) un groupe d'artistes professionnels.
   - b) un groupe d'amis.
   - c) un centre de loisirs.

6) Son objectif était de…
   - a) promouvoir un climat de convivialité dans le quartier.
   - b) créer un groupe de théâtre permanent.
   - c) créer une troupe d'acteurs de rue.

7) Les habitants…
   - a) y jouaient les rôles principaux.
   - b) pouvaient y participer comme ils le désiraient.
   - c) y jouaient les rôles secondaires.

2 Cochez les 5 affirmations correctes.

1) La personne qui parle faisait partie de la bande de copains qui a imaginé *Gratisbourg*. ☐
2) *Gratisbourg* est l'ancien nom d'un quartier. ☐
3) Ce nom signifie que l'argent n'avait pas cours dans le réseau créé par les amis. ☐
4) Le réseau fonctionnait fondamentalement sur le principe de l'entraide. ☐
5) Le spectacle de rue a été monté exclusivement par des gens qui se connaissaient déjà. ☐
6) Les organisateurs ont déposé un courrier expliquant leur projet, dans la boîte aux lettres de tous les logements du quartier. ☐
7) Très peu de personnes ont accepté de participer au projet. ☐
8) Toutes les modalités de participation étaient acceptées. ☐
9) Tous les participants devaient contribuer aux frais de mise en place du projet. ☐
10) Le spectacle de rue a bien eu lieu et a obtenu l'effet escompté. ☐
11) La circulation intense a été le seul vrai problème à résoudre. ☐

Lire

Albert Uderzo. Rencontre avec le dessinateur du célèbre héros

Astérix et les femmes

Quarante-quatre ans après ses débuts, l'invincible petit Gaulois reprend le combat. Mais on ne sait pas grand-chose de ses relations avec la gent féminine. Uderzo nous offre des clés [...] pour mieux comprendre.
Allez, soyez honnête. Pour avoir lu, comme une grande majorité de Français (mais pas seulement : les trente albums ont été traduits en quatre-vingt-huit langues et dialectes) les aventures du Gaulois malingre et de son pote « enveloppé », forcément vous vous êtes un jour demandé si Astérix et Obélix n'étaient pas, comment dire, gays. Ou plus simplement, et ce malgré la présence de quelques troublantes mais rares créatures, s'ils n'avaient pas un sérieux problème avec la gent féminine. Et donc, si leurs deux auteurs n'étaient pas un peu misogynes. Seul aux commandes du navire depuis la disparition de Goscinny, Albert Uderzo revient sur les rapports que ses héros de papier ont avec les femmes à l'occasion de la sortie d'un album d'inédits dont il nous donne la primeur.

Albert Uderzo. Dès le début, on nous a traités de misogynes parce que les femmes étaient absentes de nos aventures. Mais en fait, nous étions tenus par la censure et, à l'époque, elle était très dure pour nous qui travaillions pour la jeunesse. On l'a un peu oublié. On pouvait dessiner des femmes, mais de façon très stricte : pas très jolies ni trop avenantes. C'est la raison pour laquelle on a commencé par présenter de vraies mégères : Bonemine, l'épouse du chef, et, Iélosubmarine, celle du poissonnier, ne sont pas des archétypes de la beauté. Petit à petit sont arrivées des jolies filles. [...]

VSD. Jusque dans les années quatre-vingt, il y a donc deux types de femmes dans vos albums : les matrones comme Bonemine et les jolies filles type Falbala. Depuis on a vu une barde, des féministes, des légionnaires femmes.

Albert Uderzo. Oui, ça s'est un peu élargi. Je fais apparaître des éléments féminins qui peuvent être très jolis, tout en étant décents, bien sûr. Ce qui m'amuse, c'est de jouer avec la nature d'Obélix qui peut tomber amoureux mais a des réactions de gros bêta : il croit encore que les enfants naissent comme les abeilles ! Jamais Obélix ne deviendra licencieux ou ne se découvrira des mœurs particulières. Il restera toujours ce qu'il est. Les personnages de bande dessinée ne changent jamais, ils sont toujours dans l'instant. On est 50 ans avant Jésus-Christ et on n'en bouge pas. Par contre, nous, les auteurs, nous évoluons un peu. Mon dessin a évolué. Je sais que Goscinny avait évolué dans sa façon de développer les sujets. Mais nous devons rester dans le même cadre et je peux vous assurer que c'est extrêmement difficile. Écartez-vous du schéma et vous provoquez un véritable soulèvement public. Un exemple : dans *Le Fils d'Astérix,* le village gaulois a été incendié par

César et le banquet final se tient sur le bateau de Cléopâtre. Eh bien j'ai reçu des lettres qui n'étaient pas très très gentilles... Les gens sont des conservateurs. [...]

VSD. Revenons à notre irréductible Gaulois, dans « Astérix et Latraviata », on se rend compte qu'il peut être très sensible au charme féminin... Une grande nouveauté. Finirez-vous par le fiancer, le marier, même ?

Albert Uderzo. Astérix est comme beaucoup de gens. Il a beaucoup de pudeur. C'est un trait qui vient de Goscinny. René était un garçon extrêmement pudique. Il s'est marié très tard, vers les 40 ans. Sa mère me disait : « Fais quelque chose, essaie de lui trouver une femme, il a 40 ans. » Je ne lui connaissais pas d'aventures, pourtant on était amis. Tout cela se ressentait dans sa façon de confronter les personnages à la gent féminine. Il s'en sortait par l'humour. C'était ce qu'il faisait lui-même en pareille occasion. Je suis timide également, peut-être un peu moins pudique, mais je ne franchis pas certaines limites quand même. Comme j'ai adopté sa façon de voir les choses, je vais continuer dans ce sens-là.

VSD. On ne peut pourtant pas s'empêcher de se poser des questions sur leur sexualité. Après tout, Obélix n'est jamais dans sa maison et dort chaque soir avec Astérix. Bref, sont-ils homosexuels ?

Albert Uderzo. Non, ils font domiciles séparés. Ce sont des célibataires endurcis. Sérieusement, Astérix est petit, il est plutôt malingre, il se voit mal tomber amoureux d'une femme, lui déclarer son amour. Ou alors il faudrait que je lui crée une petite femme. Peut-être qu'un jour ça arrivera. Comme Mickey et Minnie. Encore faut-il avoir l'occasion de le faire. Il ne faut pas que ce soit gratuit [...].

© VSD, du 28 août au 3 septembre 2003

3 Lisez le texte de la page précédente et cochez la bonne réponse.

1) Uderzo offre cette interview parce que /qu'…
   a) un nouvel album vient de paraître.
   b) c'est le quarantième anniversaire de la création d'Astérix.
   c) Goscinny est mort.

2) Dans cette interview, on aborde principalement les rapports…
   a) entre Astérix et Obélix.
   b) d'Astérix et Obélix avec les femmes.
   c) entre Goscinny et Uderzo.

3) Au départ, Astérix et Obélix étaient les personnages d'une bande dessinée (BD) s'adressant…
   a) à tous les publics.
   b) aux jeunes.
   c) aux enfants.

4) Goscinny dessinait les femmes des BD des années 50 en fonction…
   a) de ses goûts personnels.
   b) des exigences de l'histoire.
   c) de la moralité de l'époque.

5) Avec le temps, Astérix et Obélix…
   a) ont évolué.
   b) sont restés les mêmes.
   c) ont été légèrement modifiés.

6) La difficulté pour les deux auteurs de BD vient du fait…
   a) qu'il faut respecter l'atemporalité des personnages.
   b) qu'ils doivent tenir compte de la situation sociale.
   c) qu'ils ne contrôlent plus l'évolution de leurs personnages.

7) Les lecteurs de BD aiment…
   a) voir changer les personnages.
   b) que les personnages reflètent l'époque actuelle.
   c) retrouver toujours les mêmes personnages.

8) Astérix a hérité de la pudeur…
   a) de Goscinny.
   b) de ses deux auteurs.
   c) d'Uderzo.

9) Dans l'avenir, Astérix peut difficilement…
   a) se marier.
   b) tomber amoureux.
   c) se fiancer.

10) Goscinny a transposé dans ses albums…
   a) ses problèmes personnels.
   b) un trait de son caractère.
   c) son amitié avec Uderzo.

Écrire

4 Cherchez des synonymes dans le texte.

1) fragile : _____

2) gros : _____

3) ami : _____

4) un peu : _____

5) idiot : _____

6) gracieuse : _____

7) femme méchante : _____

8) habitudes : _____

9) attrait : _____

10) convaincu : _____

5 Vous venez d'interviewer votre personnage célèbre préféré et vous transcrivez l'interview. (200 mots)

_____

_____

_____

_____

_____

_____

_____

_____

_____

_____

_____

_____

_____

_____ (…)

Parler

6 Associez les expressions qui permettent d'éluder une question.

1) Éviter d'intervenir

2) Éviter de donner une réponse précise

3) Éviter adroitement de donner son avis

- Je n'ai pas pour habitude de parler de ces choses-là.
- C'est une question embarrassante.
- Je préfère garder mon opinion pour moi.
- Je ne sais pas trop.
- Bon, passons à autre chose !
- Je préfère ne pas épiloguer.
- Je ne peux pas vous en dire plus.
- Je préfère ne rien dire.
- Je vois où vous voulez en venir !
- Je ne sais pas au juste.
- Mon opinion ne regarde que moi.
- Je n'aborderai pas ce sujet.
- Finissons-en avec ça !
- Je ne me prononcerai pas là-dessus.

7 Situation. Un(e) journaliste interviewe un acteur / une actrice célèbre et veut en savoir un peu trop sur sa vie privée. Celui-ci / Celle-ci évite de répondre aux questions indiscrètes.

● L'expression de la cause, de la conséquence et du but

1 Lisez les brèves ci-dessous et soulignez les expressions introduisant la cause, la conséquence ou le but.

1 Bordeaux

Le resto du « Colbert » fermé.

En raison des prévisions orageuses, le restaurant Pont Garonne, situé sur le croiseur « Colbert », qui avait été très touché par la tempête de juillet dernier, a fermé ses portes samedi soir.

2 PHILIPPINES

Sous prétexte de lutte contre le terrorisme, les États-Unis se réinstallent dans l'archipel asiatique, un lieu stratégique pour eux.

3 NÎMES

Un tribunal de Nîmes a jugé coupable de négligence et a condamné un homme de 29 ans à un mois de prison avec sursis pour avoir laissé sa fille âgée de 18 mois seule dans sa voiture pour aller boire.

4 SÉOUL

Iratix annonce une réduction de sa perte trimestrielle, la hausse des prix de vente des CDs ayant contribué à faire augmenter son chiffre d'affaires.

5 ABIDJAN

Les chefs d'état-major des forces armées nationales de Côte d'Ivoire et les rebelles des FAFN devraient se rencontrer sous peu en vue de mettre en œuvre le désarmement négocié en septembre dernier.

2 Choisissez la bonne réponse.

1) *En effet / Car / Puisque* tu refuses de m'aider, je finirai toute seule.
2) Elle a demandé sa mutation *de sorte que / à force de / de manière à* ne plus côtoyer son ex-mari.
3) *À force de / Faute de / Pour* critiquer sa mère, tu vas avoir des problèmes avec ton mari.
4) Mon directeur de thèse est venu *si bien que / afin que / en conséquence* j'ai pu lui exposer mes problèmes.
5) Philippe n'a jamais quitté son village *à cause de / grâce à / faute de* ses parents.
6) *Étant donné / Puisque / Parce que* vous avez toujours mal aux dents, allez consulter un dentiste.
7) Colette est en arrêt de travail depuis un mois *en effet / sous prétexte / car* qu'elle fait une dépression.
8) Il a approuvé mes idées *donc / pour qu' / de sorte que* on va vraiment mener ce projet ensemble.
9) Le groupe a annulé le concert *en raison de / faute de / grâce à des* problèmes techniques.
10) *Grâce à l' / Pour / Faute d'*entraînement, les joueurs ont encore perdu un match.
11) Elle s'est cachée derrière une voiture *en vue de / d'où / de telle manière que* personne ne l'a vue.
12) Nous devons redoubler nos efforts *c'est pourquoi / afin de / de façon que* nos résultats s'améliorent.

3 Reliez les phrases à l'aide des expressions entre parenthèses et transformez, si nécessaire.

1) Le métro était bondé. Je n'ai pas pu m'asseoir. (si bien que)

_____

2) La circulation est interdite jusqu'à nouvel ordre. Le taux de pollution est très élevé. (par conséquent)

_____

3) Il ne veut pas me rendre mon dico. Il dit qu'il en a besoin. (sous prétexte que)

_____

4) Je n'arrive pas à le joindre. Il a oublié son portable à la maison. (comme)

_____

5) La police n'a pas pu identifier le voleur. Il avait mis une cagoule. (de sorte que)

_____

6) Anne-Marie est très timide. Elle n'aime pas parler en public. (à cause de)

_____

4 Cause ou but ? Distinguez la valeur de *pour* dans les phrases suivantes.

1
Deux hommes mis en examen pour détournement de compte bancaire via Internet
Deux hommes originaires d'Europe de l'Est ont été mis en examen pour avoir détourné des sommes du compte d'un client de la Société Générale via Internet mais ils ont été laissés libres.

2
Élections présidentielles
M. Tanarit, élu pour un premier mandat présidentiel en 1999, dispose mathématiquement d'une majorité de voix pour être élu pour un second quinquennat.

3
Lune de fiel
Une jeune mariée s'est enfuie pendant sa lune de miel pour se remarier avec un autre homme à Hurghada, une station balnéaire de la mer Rouge.

Remerciements
La Russie a exprimé sa reconnaissance à la Norvège pour avoir sauvé la vie des marins russes victimes d'un naufrage survenu en mer de Barents. **4**

Prison avec sursis pour les « justiciers »
Le tribunal correctionnel de Poitiers a condamné à des peines de 2 à 8 mois de prison avec sursis six habitants de X pour avoir agi en « justiciers » en séquestrant deux jeunes soupçonnés de délits. **5**

Les Tziganes unis par la foi
Chaque année, des milliers de Tziganes venus de toute l'Europe se réunissent pour leur convention évangélique. Cet été, c'est Niergnies qui accueille le rassemblement. **6**

Cause : _____   But : _____

5 Complétez les dépêches suivantes à l'aide de l'expression qui convient.

à cause de ■ à force d' ■ afin de ■ causée par ■ de façon à ■ donc ■
en vue du ■ entraînée ■ étant donné ■ faute d' ■ grâce à ■
par conséquent ■ pour ■ puisque

1
Bouche cousue
Une Philippine qui avait obligé le fils aîné de son mari à se coudre la bouche _____ _____ « l'empêcher de discuter », a été condamnée à 20 mois de prison.

2
Incendie bien arrosé
Un homme qui avait eu une soirée bien arrosée a fini par provoquer une inondation dans son immeuble, _____ l'incendie de sa machine à café.

3
Budget limité
Les policiers indonésiens d'une petite ville de Bornéo ont libéré dix détenus, de présumés petits délinquants, _____ argent pour les nourrir.

4
Ministre puni
Le ministre de la Culture de Roumanie a été réprimandé par le chef du gouvernement _____ avoir participé au lancement du magazine pornographique *Sexus*.

5
Premier mai virtuel
Les Espagnols qui avaient renoncé mardi à défiler à l'occasion de la fête du travail _____ la pluie pourront manifester sans sortir de chez eux _____ un site Internet de « manifestations virtuelles ».

6
Cyclisme : Marconi se teste en vue du Giro
Le cycliste italien Paolo Marconi (Mercatone) va passer, à partir d'aujourd'hui, au Tour du Trentin, un test particulièrement sérieux _____ Tour d'Italie, dont il sera l'un des grands.

Le travailleur et le marché du travail

1 Les annonces ci-dessous ont toutes des éléments d'information illisibles.

a. Découvrez-les dans la liste ci-dessous et situez-les correctement dans les annonces.

logement • BTS • savoir-faire • souhaitée • disponibilité • concours • garder • DUT • certifié • + 2 • recrute • déplacements
devoirs • face à face • stages • poste • agrégé • maître d'hôtel • connaissance • frappe • mi- • cadre

D'ENTRÉE Mercredi 15 mars Niveau Bac ▒▒▒ Formations, ▒▒▒ pratiques, Presse écrite et audio-visuelle Tous renseignements au : **01.53.10.12.60** **1**	**URGENT, Université Paris rech :** **Professeur d'anglais** (▒▒▒ ou ▒▒▒) pour enseignement en milieu carcéral à ▒▒▒ temps Boîte postale 3067 **2**	H 37a exp.13 ans, trilingue **cherche** ▒▒▒ **resp. de salle** ou ▒▒▒ ▒▒▒ pour service continu. **3**	**J.h.** ▒▒▒ **et** ▒▒▒ recherche emploi en région toulousaine branches aéronautique ou aérospaciale. Possibilités de ▒▒▒ ▒▒▒ immédiate. **4**
Société d'études ▒▒▒ pour son centre d'enquêtes par téléphone et ▒▒▒ : **Enquêteurs/enquêtrices** Expérience du métier ▒▒▒ **5**	J.f. 32a. offre son ▒▒▒ en tous types de ▒▒▒ de thèses et rapports officiels, secrétariat à domicile ou sur place. Prix modérés **6**	Entreprise internationale Rec. ▒▒▒ avec expérience dans textile pour poste responsabilités, en Italie. ▒▒▒ de la langue exigée. ▒▒▒ assuré et salaire selon capacités. **7**	Deux enfants 10 ans et 7 ans rech. **ÉTUDIANT(E)** pour les ▒▒▒ , les accompagner dans leurs activités du soir et les aider à faire leurs ▒▒▒ **8**

1) _____

2) _____

3) _____

4) _____

5) _____

6) _____

7) _____

8) _____

b. Quelle(s) annonce(s) correspond(ent) à…

- des demandes d'emplois ?

_____

- des offres d'emplois ?

_____

c. À quelle(s) offre(s) d'emploi seriez-vous
susceptible de répondre ?

_____

_____

_____

2 Association d'idées. Reliez les deux colonnes.

1) travailler à temps partiel   a) réussir un examen
2) se faire pistonner   b) avoir une promotion
3) être collé à un examen   c) être au chômage
4) embaucher   d) donner un coup de pouce
5) être mis à l'écart   e) licencier
6) bosser   f) travailler à temps plein

3 Les préfixes négatifs *im-*, *in-*, *ir-* et le suffixe *-able*.

a. Lisez les définitions et trouvez les adjectifs qui se forment à partir de ces verbes.

1) qu'on ne peut accepter : _____
2) impossible à calculer : _____
3) où on a du mal à respirer : _____
4) que l'on ne peut éviter : _____
5) difficile à imaginer : _____
6) qui ne peut être contourné : _____

b. Maintenant, insérez-les dans les phrases ci-dessous.

1) Il a réprimandé sa secrétaire pour un retard de 10 minutes, c'est un comportement _____.
2) Tu pèses le pour et le contre, mais tu prends une décision, c'est _____.
3) Au début du XXᵉ siècle, il était _____ de travailler un jour avec des ordinateurs.
4) J'ai bien peur que la suppression de postes soit malheureusement _____, si on veut empêcher l'entreprise de couler.
5) Votre projet semble très intéressant mais pour cela, il faudrait investir des sommes _____.
6) Il fume cigarette sur cigarette. Quand on entre dans son bureau, c'est _____.

4 Au bureau. Complétez ces adjectifs avec un suffixe en *-ant* ou *-ible*, puis utilisez-les dans une phrase.

a) dispon_____   c) suscept_____   e) incorrig_____   g) arrange_____
b) entrepren_____   d) persévér_____   f) convainc_____   h) incompat_____

1) _____
2) _____
3) _____
4) _____
5) _____
6) _____
7) _____
8) _____

5 Qui sont-ils ? Observez les dessins et devinez le métier qu'ils exercent.

1) A - - - - T   2) F - - - - - C -   3) S - - - - - - R   4) M - - - - - - R

Écouter

1 Écoutez ces documents puis complétez ou répondez aux questions.

Document 1

1) Nombre de postes à pourvoir : _____

2) Profil du vendangeur : _____
_____

3) Caractéristiques du travail offert : _____
_____

4) Salaire proposé : _____
_____

5) Durée des vendanges : _____

6) Personne ou organisme à contacter : _____
_____

Document 2

1) Qui peut être intéressé par ces offres d'emploi ?
_____

2) Pour quelle période de l'année propose-t-on du travail ?
_____

3) À qui le journaliste pose-t-il des questions ?
_____

4) De combien de cuisiniers a-t-on besoin et quel est le profil demandé ?
_____

5) De quoi va dépendre le salaire et jusqu'à combien peut-il aller ?
_____

6) Quelle particularité le Club Méditerranée offre-t-il pour tous les postes de travail ?
_____

7) Quels sont les besoins en ce qui concerne le ménage et la réception ?
_____

8) Dans quels autres domaines offre-t-on des emplois ? Précisez.
_____
_____

Document 3

1) Qui propose des jobs et à qui ?
_____

2) En quoi consiste le premier emploi et quelles sont les qualités requises ?
_____

3) Quels postes de travail avec des enfants la dame propose-t-elle et à quelle condition ?
_____
_____

4) Quels sont les salaires proposés en colonie et en centre aéré ?
_____

5) Quelle est la dernière possibilité évoquée et sur quels points la responsable insiste-t-elle ?
_____

6) Quelle est l'obligation de l'employeur si le jeune est majeur ?
_____
_____

Parler

2 Quelques expressions pour une meilleure interaction. Reliez.

	Autrement dit….
	Ça se comprend ?
1) contrôler la compréhension	Je recommence ?
	Ça va ?
	Vous me suivez ?
	En d'autres mots…
2) proposer de répéter	En disant ça, je voulais dire…
	Je reprends ?
	Pour ainsi dire….
3) simplifier	Vous voulez que je répète ?
	Ou bien, si vous voulez…
	Vous voyez ce que je veux dire ?

3 Situation. Vous parlez à un(e) ami(e) d'un problème que vous avez au bureau. Ce problème est compliqué pour lui / elle car il / elle ne connaît ni l'entreprise, ni vos collègues. Vous essayez de bien vous faire comprendre pour avoir son avis.

Lire

Courrier droits par Me Michel Pierchon
Harcèlement moral
Un avocat répond à vos questions

On m'a mis au placard… Est-ce du harcèlement ?
Mon chef a profité de la réorganisation du service pour m'installer dans un bureau sans téléphone et me confier des tâches qui n'ont rien à voir avec ma qualification. Est-ce du harcèlement moral ?
Dominique, Paris

▶ D'après la loi *, les salariés ne peuvent invoquer le harcèlement moral que si deux conditions sont réunies : des agissements incriminés doivent être répétitifs et ces derniers doivent avoir « pour objet ou effet une dégradation des conditions de travail susceptible de porter atteinte aux droits et à la dignité du salarié, d'altérer sa santé physique ou mentale ou de compromettre son avenir ». La mise au placard peut constituer un acte de harcèlement moral. Ce type de comportement étant désormais hors-la-loi et passible de sanctions pénales, vous avez les moyens légaux de le faire cesser.

Au conseil de prud'hommes, quelles preuves apporter ?
Victime de harcèlement moral de la part de mon supérieur, je pense saisir les prud'hommes. Quelles preuves apporter à l'appui de ma demande ?
Isabelle, Bordeaux

▶ Il ne suffit pas d'être victime d'un harcèlement moral pour obtenir réparation en justice. Comme en a décidé le Conseil constitutionnel, il faut aussi apporter à la juridiction des « éléments de fait laissant supposer l'existence d'un harcèlement ». En l'occurrence : notes de service faisant état de critiques infondées, témoignages écrits d'autres salariés ayant assisté aux brimades dont vous avez été victime… La présentation de certificats médicaux ou la succession d'arrêts de travail ne suffisent pas à eux seuls à prouver le harcèlement moral.
Je ne saurais trop vous recommander de prendre conseil auprès d'un avocat spécialisé en droit social ou de consulter votre syndicat : tous deux sont rompus à ce type de procédure.

choisir un médiateur extérieur, sur une liste établie par le préfet, qui tentera une conciliation. Dernier recours possible : contacter un représentant du personnel ou un membre du CHST ** qui fera remonter l'information auprès de l'employeur.

▶ **Pensez au médecin du travail**

Si vous êtes victime de harcèlement moral dans votre entreprise et n'osez pas en informer votre supérieur hiérarchique, les membres CHST ou les représentants du personnel, adressez-vous au médecin du travail. On l'oublie trop souvent, mais **il peut être un précieux allié** en cas de problème. C'est en effet à lui qu'il revient d'apprécier l'aptitude du salarié au poste qui lui est confié. Il dispose en outre de nouvelles prérogatives depuis l'adoption de la loi de modernisation sociale. Il a désormais la possibilité de **proposer à la direction des mutations** ou des transformations de postes lorsque la « santé physique ou mentale » des salariés est en jeu. Aussi, n'hésitez pas à vous confier à lui : soumis au secret professionnel, il saura vous conseiller et pourra prendre, en accord avec vous, les mesures qui s'imposent.

* Loi n° 2002-73 relative à la modernisation sociale du 17 janvier 2002.
** Comité d'hygiène, de sécurité et des conditions de travail.
Femme Actuelle, n° 942, du 14 au 20 octobre 2002

En cas de démission, a-t-on droit à des indemnités ?
Déstabilisée par les critiques incessantes de mon patron et par ses avertissements injustifiés, j'ai fini par démissionner. Puis-je, malgré tout, réclamer des indemnités ?

Muriel, Lens

▶ Là encore, la loi est de votre côté. La démission contrainte résultant d'un harcèlement moral est nulle en plein droit. Conséquence : si vous êtes dans cette situation, vous pouvez saisir les prud'hommes afin d'obtenir soit votre réintégration dans l'entreprise, soit le paiement d'une indemnité de rupture pour licenciement sans cause réelle et sérieuse. Cette indemnité de rupture pour licenciement doit représenter aux moins six mois de salaire si vous justifiez de deux années d'ancienneté dans l'entreprise ou si celle-ci compte au moins onze salariés. Sinon, la somme allouée est calculée en fonction du préjudice subi.

Je vais craquer. À qui puis-je m'adresser ?
Un de mes collègues multiplie les brimades à mon égard, rendant intenable la vie au bureau. Je ne sais vers qui me tourner. Que puis-je faire ?

Lisa, Marseille

▶ Lorsqu'il a connaissance d'un cas de harcèlement, l'employeur est tenu d'y mettre un terme et de sanctionner le fautif. Encore faut-il pour cela qu'il

soit informé ! Si vous n'en pouvez plus et que vous souhaitez quitter l'entreprise, vous pouvez démissionner et solliciter du conseil de prud'hommes la requalification en licenciement sans cause réelle et sérieuse. Mais attention, vous devrez recueillir le maximum de preuves pour appuyer votre demande auprès des juges. Parallèlement à cette procédure, vous pouvez porter plainte contre le harceleur, puisque cette pratique est passible de sanctions pénales (un an d'emprisonnement et 15 000 euros d'amende). Si vous ne souhaitez pas démissionner, faites preuve de circonspection. Sollicitez un entretien avec un membre de la direction ou des ressources humaines en qui vous avez confiance et qui prendra les mesures adéquates. Vous pouvez aussi

4 Lisez l'article p. 57 et 58 et répondez aux questions.

1) Dans quel cas la loi considère-t-elle qu'il s'agit de harcèlement moral ?

_____

2) Comment et par qui ont été harcelées les personnes qui demandent conseil à l'avocat de la revue ?

_____

3) Quel type de preuves faut-il présenter devant les juges ? Pourquoi ?

_____

4) Quels dédommagements peut-on obtenir ?

_____

5) Quels avantages présente le recours au médecin du travail ?

_____

5 Qui contacter et pour quoi faire ? Reliez les colonnes.

1) les prud'hommes
2) le médecin du travail
3) l'avocat
4) le Comité d'hygiène
5) l'employeur
6) le médiateur extérieur

a) informer l'employeur
b) tenter une conciliation
c) proposer une transformation de poste
d) requalifier une démission
e) prendre des mesures
f) consulter les preuves à apporter

6 Soulignez le mot synonyme à celui employé dans l'article.

1) mettre au placard : isoler • enfermer • soumettre
2) être passible de : signifier • mériter • demander
3) porter plainte : dénoncer • se plaindre • se plaire
4) saisir : demander • porter devant • attraper
5) en l'occurrence : dans ce cas • si nécessaire • forcément

6) être rompu à : être fatigué de • être capable de • être habitué à
7) préjudice : croyance • dommage • satisfaction
8) alloué : attribué • considéré • demandé
9) brimade : cri • humiliation • réprimande
10) être tenu de : être habitué à • être capable de • être obligé de

Écrire

7 À votre tour, écrivez à l'avocat de la revue *Femme Actuelle.* Expliquez votre situation professionnelle ; précisez qui vous harcèle et de quelle manière. Décrivez votre état d'esprit et demandez conseil. (150 mots)

_____
_____
_____
_____
_____
_____
_____
_____
_____
_____
_____
_____
_____ (...)

● L'expression de la comparaison

1 Complétez les phrases suivantes avec un comparatif ou un superlatif de supériorité.

1) Pourquoi payer _____ cher ici ce qu'on peut avoir _____ marché ailleurs ?

2) *Aventure* regroupe _____ 200 sites qui garantissent une qualité et un service irréprochables.

3) Notre entreprise s'engage à vous proposer _____ offres d'emploi.

4) Quel est le marché que tu connais _____ et où as-tu _____ chances d'être crédible ?

5) Notre catalogue en ligne vous permet de consulter _____ 7 millions de documents.

2 Choisissez l'option qui convient pour compléter les phrases suivantes.

le / la / les plus ■ *le / la meilleur(e)* ■ *les meilleur(e)s* ■ *le mieux*

1) Bienvenue sur Décharge.com, _____ site et _____ populaire en matière de téléchargement.

2) Où vit-on _____ en France ? Lisez notre dossier pour en savoir plus.

3) Pour connaître la formule _____ avantageuse, remplissez le questionnaire ci-dessous.

4) Quel est _____ moyen de faire fructifier mes économies ? Je vous écoute !

5) Ce guide original propose _____ adresses des lieux branchés de la capitale.

3 Repérez les expressions servant à établir des parallélismes ou des progressions.

1) La consommation de viande de cheval est de plus en plus limitée en France : elle concerne surtout le Nord, la Normandie et le Sud-Est.

2) Une législation de plus en plus stricte permet de connaître la qualité des œufs achetés, ce qui représente un avantage considérable.

3) Effet de serre : plus on en sait, moins on agit. Le 16 juillet prochain, s'ouvre à Bonn une nouvelle conférence internationale sur le climat, septième du genre. Les scientifiques y confirmeront leurs prévisions alarmistes et les politiques feront le gros dos. Pourquoi ?

4) Grâce à la politique de notre parti, de plus en plus de personnes ont droit à l'aide sociale.

5) La carte « Sagittaire » vous permet de cumuler des points : plus vous êtes fidèles, plus vous êtes gagnant.

6) Plus je mange, moins je grossis. Imaginez un traitement qui vous permettrait de consommer autant de calories que vous le désirez sans risque de devenir obèse ou diabétique !

● Le participe présent et le gérondif

4 Transformez les phrases suivantes en utilisant un participe présent (forme simple ou composée).

1) Nous aimerions louer un appartement qui ait une jolie terrasse.

_____

2) J'ai rencontré une fille qui avait vécu plusieurs années au Sénégal.

_____

3) Nous sommes partis la semaine qui a précédé les vacances de Pâques.

_____

4) Les enquêteurs ont interrogé des personnes qui avaient connu la victime.

_____

5) Cette entreprise recherche des jeunes qui aient suivi un stage de formation à l'étranger.

_____

5 Reformulez la cause à l'aide d'un participe présent (forme simple ou composée).

1) Comme les données de base sont floues, aucune des études réalisées sur le sujet n'est fiable.

2) L'affaire a été définitivement classée car les enquêteurs n'ont trouvé aucune piste.

3) Comme elle est partie subitement, elle a oublié son portable sur le bureau.

4) Puisque le film était un vrai navet, nous sommes parties avant la fin.

5) Étant donné que vos dépenses seront minimes, il vous sera possible d'économiser.

6 Utilisez un gérondif pour relier les phrases suivantes puis précisez sa valeur (temps, manière, cause, condition).

1) Tu peux répéter ? Tu peux parler un peu plus fort ?

2) Vous devriez jouer au loto toutes les semaines. Vous auriez plus de chances de gagner.

3) Mélina a répondu avec franchise. Elle a réussi à convaincre le recruteur.

4) Les Mailhac ont pris leur voiture pour aller au théâtre. Ils ont perdu beaucoup de temps.

5) J'ai beaucoup amélioré ma prononciation en allemand. J'ai souvent séjourné en Autriche.

7 Complétez avec un verbe de la liste, que vous mettrez au participe présent ou au gérondif.

choisir ■ *constituer* ■ *préférer* ■ *suivre*

À bord du « Jeanne D'Arc »

À l'issue de leur formation militaire, maritime et scientifique en Allemagne, les EFENA réintègrent l'école navale française pour y effectuer un stage d'application maritime. Ils retrouvent ainsi leurs camarades .... leur formation en France. Ce stage est réalisé à bord du porte-hélicoptères « Jeanne d'Arc » et du ou des bâtiments qui l'accompagnent, ... le groupe-école d'application des officiers de marine. L'enseignement dispensé pendant la campagne d'application est réparti en deux domaines : la formation générale est commune à tous les officiers élèves tandis que la formation professionnelle distingue les élèves .... la filière « opérations et technique » de ceux .... la filière « scientifique et technique ».

● Les verbes à sens passif

8 Transformez, lorsque c'est possible, les phrases suivantes en utilisant un verbe pronominal à sens passif.

1) Pour qu'il soit tendre, on cuit le jamboneau pendant une heure seulement.

2) Ce logiciel est excellent, on va le vendre très facilement !

3) D'après les chercheurs, on utilise seulement 10 % de notre cerveau.

4) Au Vietnam, on utilise l'anis étoilé pour parfumer les viandes et les plats mijotés.

Cuisine, gastronomie

1 Variations sur le verbe « manger ». Reliez les colonnes.

1) grignoter   **a)** boire ou manger avec délectation
2) dévorer   **b)** absorber une petite quantité d'aliment ou de boisson afin de découvrir sa saveur
3) déguster   **c)** manger avec avidité
4) réveillonner   **d)** manger en très petite quantité
5) goûter   **e)** faire un repas tard le 24 décembre

2 Complétez les phrases suivantes en utilisant les verbes ci-dessus.

1) Il rentrait toujours dans la cuisine pour _____, disait-il, les plats qui mijotaient lentement et juger s'ils manquaient un peu de sel ou de poivre. En fait, il se vantait car il était incapable de _____ quoi que ce soit, pas même de reconnaître les odeurs.

2) Le soir de Noël, nous _____ toujours en famille, c'est la tradition.

3) Elle est comme ça ! Les jours où le menu lui plaît, elle _____ littéralement. Par contre, quand ça ne lui plaît pas, elle ne fait que _____.

3 Quelques mets parmi d'autres. Associez chaque mets à son origine et à sa composition.

1	2	3	4	5
la bouillabaisse	la raclette	la fondue bourguignonne	la choucroute	le cassoulet

Origine	Composition	Photo
A) Suisse	**a)** Ragoût de haricots blancs et de confit d'oie, de canard, de porc ou de mouton.	_____
B) Bourgogne	**b)** Soupe de poissons et crustacés, relevée de safran, d'ail et d'huile d'olive.	_____
C) Alsace	**c)** Fromage que l'on mange au fur et à mesure qu'il fond, avec des pommes de terre.	_____
D) Sud-ouest	**d)** Dés de bœuf cru qu'on trempe dans l'huile bouillante avec une fourchette spéciale et qu'on mange avec des sauces relevées.	_____
E) Provence	**e)** Choux blanc, haché finement et fermenté dans une saumure.	_____

4 On en mangerait… Complétez les phrases avec une de ces expressions imagées.

manger des yeux ■ *avaler la pilule* ■ *ne pas mâcher ses mots* ■ *avaler* ■ *savourer* ■ *dévorer* ■ *mal digérer*

1) Les enfants jouaient dans la cour, ça m'a permis de _____ un moment de répit.

2) Quand on lui a annoncé son licenciement, il a eu du mal à _____ mais maintenant, ça va.

3) Amélie fascinait le jeune homme, qui la _____.

4) Le dernier polar de Fred Vargas est passionnant, je te le conseille. Moi, je _____.

5) Son associé ne voulait rien savoir, il s'est énervé et du coup, il _____.

6) Ce copain nous a laissé tomber au dernier moment, on l'_____.

7) Il est assez crédule, on peut lui faire _____ n'importe quoi.

5 Que disent ces personnages ? Associez les illustrations à une expression équivalente de chaque colonne.

A

	A) C'est très bien assaisonné !
	B) Il est bien pétillant !
	C) Ça sent vraiment bon !
	D) C'est délicieux !
	E) C'est largement suffisant !
	F) C'est juste assez relevé !
	G) C'était très digeste !
	H) C'est exquis !
	I) Ça sent le pot au feu !
	J) C'est vraiment très réussi !

B

	a) Que c'est fade !
	b) C'est imbuvable !
	c) C'était trop copieux !
	d) C'est trop lourd !
	e) C'est immangeable !
	f) Ça sent mauvais !
	g) Il a une couleur vraiment bizarre !
	h) Ça a un goût de brûlé !
	i) Ça n'est pas bon du tout !
	j) C'est carrément raté !

	A	B
1		
2		
3		
4		
5		
6		
7		
8		

6 Le jeu des 10 erreurs. Choisissez le bon mot !

1) « Tu te rappelles que nous avons formé un groupe de fins gourmets qui adorent *la bouffe / la bonne chère* et que, selon notre règlement, il est interdit d'acheter des *nourritures / plats* surgelé(e)s ?

2) Sais-tu aussi que chacun cuisine les *plats / aliments* qu'il réussit le mieux ?

3) Dimanche dernier, nous nous sommes retrouvés chez Michel et Marion pour notre *dîner / déjeuner* mensuel.

4) Tout a bien commencé : nous avons *goûté / prouvé* de très bons amuse-gueules avec un Côtes-du-Rhône vraiment fameux.

5) Puis nous avons *dégoûté / dégusté* des huîtres excellentes.

6) Mais la suite du *manger / repas* a été tout à fait médiocre.

7) Ils avaient trop *fait cuire / cuit* le rôti de bœuf.

8) Le *plat / plateau* de fromages était presque inexistant et les desserts étaient nuls : des tartelettes *aux / de* fruits à peine décongelées. On n'a rien compris ! »

7 À vos fourneaux ! Formez avec les suffixes *–ade* (féminins) et *–age* (masculins) les substantifs dérivés de ces verbes puis associez-les à un des aliments de la deuxième colonne.

1) mariner : une _____   a) d'un légume
2) rouler : la _____   b) de couteaux
3) griller : une _____   c) d'un gâteau
4) napper : le _____   d) de viande crue
5) éplucher : l'_____   e) de côtes d'agneau
6) démouler : le _____   f) de veau
7) aiguiser : l'_____   g) d'un cake
8) découper : le _____   h) d'un poulet

Écouter

1 Écoutez l'interview et dites si les informations suivantes sont vraies ou fausses.

	Vrai	Faux
1) Un Catalan est interviewé par une journaliste dans le cadre d'une émission de radio francophone.	❑	❑
2) Ses connaissances en matière de vins sont le fruit de nombreuses années de travail dans une propriété vinicole.	❑	❑
3) Son amour pour le vin lui a été inculqué, dès sa plus tendre enfance, par sa famille qui voyageait très souvent en France.	❑	❑
4) Il a travaillé en France dans de nombreux domaines de la vinification.	❑	❑
5) Il a acquis une bonne connaissance des vins, tout seul, en consultant des livres spécialisés et en travaillant comme sommelier.	❑	❑
6) Selon lui, connaître un vin signifie connaître son parcours, depuis la vigne jusqu'au magasin où il est en vente.	❑	❑
7) Il affirme que chaque région vinicole a sa personnalité propre et qu'on ne peut donc pas comparer les vins d'un pays à un autre.	❑	❑
8) La journaliste félicite la personne interviewée pour la précision de ses informations.	❑	❑

2 Complétez ces extraits de l'interview.

■ **L'œnologue :** [...] C'est en voyageant souvent en France que j'ai eu l'occasion, par des amis, de... de commencer à découvrir voilà, _____ et les différents vins qu'il y a en France. Et petit à petit, je me suis intéressé, j'ai commencé, voilà, à acheter des _____ sur... sur la viticulture, sur l'œnologie. Et puis en même temps, en... à Barcelone, j'ai... j'ai commencé à travailler dans un restaurant et donc dans un restaurant, il y a des vins et j'ai réussi à pouvoir prendre en charge un petit peu tout ce qui

est le vin au restaurant, c'est-à-dire faire _____ et donc choisir les vins, hein, pour... pour l'offre du restaurant et puis en même temps... voilà. Donc ça a été en tant que sommelier que j'ai commencé professionnellement à travailler avec le vin. [...]

▶ **La journaliste :** Qu'est-ce qui est le plus intéressant, c'est suivre tout le processus,

_____ ou c'est approfondir le travail de sommelier ?

■ **L'œnologue :** C'est un petit peu tout. [...] Il faut voir tout dans sa globalité. [...] C'est important pour un _____ qu'il connaisse tous les pas, parce que finalement, il faut _____ le produit au maximum pour que le _____, la personne qui achète une bouteille de vin, puisse vraiment _____ et voilà et pouvoir _____ un produit qui soit en bonnes conditions et même plus, qui soit un plaisir pour le consommateur.

Parler

Expressions pour… illustrer sa façon de parler.

3 Remplacez les expressions en italique par l'une des options proposées ci-dessous.

Réussir une invitation, *c'est du gâteau !,*

si vous suivez ces conseils.

*Si vous êtes le maître /
la maîtresse de maison…*

* Afin de *ménager la chèvre et le chou* lors d'une altercation, essayez de *couper la poire en deux.*
* Si vous avez un(e) convive susceptible, sachez *mettre de l'eau dans votre vin.*
* Si un(e) convive n'apprécie pas un plat, n'*en faites pas un fromage.*
* Ne *vous noyez* pas *dans un verre d'eau,* les petits incidents s'arrangent toujours.

Si vous êtes l'invité(e)…

* Évitez de *poser un lapin.*
* Ne *faites* pas *poireauter* vos hôtes.
* Ne **soyez** pas *bavard comme une pie.*
* Si la conversation chauffe, ne *jetez pas d'huile sur le feu,* ainsi, personne n'*en aura gros sur la patate.*

a) faire attendre longtemps

b) c'est facile

c) échouer dans une démarche

d) être inutile

e) ne pas arrêter de parler

f) être très vexé(e)

g) faire des concessions

h) ne pas se rendre à un rendez-vous

i) aviver un débat

j) créer un problème

k) être triste

l) rire sans retenue

m) être très gai(e)

n) calmer les deux camps sans prendre parti

o) modérer ses exigences

p) être anxieux / anxieuse

q) être incapable de faire face à la moindre difficulté

4 Situation. Vous avez été invité(e) à une soirée chez des amis. Vous commentez son déroulement et vous donnez vos impressions sur le repas, les convives, l'ambiance…

Lire

5 Observez l'article de presse ci-contre et répondez aux questions suivantes.

1) Où et quand est-il paru ?

2) En combien de parties est-il organisé ?

3) Pourquoi utilise-t-on des guillemets et des caractères gras ?

4) Pourquoi cette abondance de chiffres ?

5) Comment expliquez-vous le titre ?

LE LAC. 500 000 euros investis dans le magasin de produits culturels, désormais entièrement rouge et noir, équipé d'un café, et divisé en espaces de vente

ALICE EST TRANSFORMÉE

Alice Média-Store change, _____ _____. Désormais habillée d'aluminium noir et surmontée d'une enseigne rouge vif, la devanture se voit de loin. La mascotte du magasin, _____, sage à en faire rêver la comtesse de Ségur[1], reste affichée sur l'entrée du bâtiment. Cette image d'Épinal[2] n'est-elle pas obsolète ? « Elle est le symbole de valeurs et traditions que nous revendiquons » explique le PDG de la société, Patrick Hourquebie.

Des dizaines de poches rouges remplies de livres patientent dans l'entrée. Elles contiennent les fournitures pour 5 000 enfants scolarisés dans des établissements catholiques de Bordeaux. Ces stocks attendent ; _____
Derniers escabeaux à déplier, derniers câbles à raccorder, derniers coups d'aspirateur : _____

60 000 livres. 500 000 euros ont étés investis dans ce chantier destiné à moderniser le site ; et à surmonter les problèmes posés par sa forme toute en longueur. « Il fallait contourner la règle des trois tiers », explique Patrick Hourquebie.

Selon cette règle, dans un magasin aussi étendu, les ventes sont moyennes dans le premier tiers, fortes dans le second tiers et faibles dans le fond du magasin. Logiquement, Patrick Hourquebie a décidé d'étirer le second tiers, _____ _____. La première partie du magasin sera consacrée aux caisses, à l'accueil, à l'administration. La dernière partie du magasin servira pour le restaurant, _____ _____, l'espace Internet et, nouveauté, un café. Entre les services à l'entrée et la restauration au fond, le magasin de produits culturels.

Il est désormais compartimenté, alors qu'avant, livres, disques et DVD cohabitaient dans un seul et même espace. « Nous avons voulu créer des univers » précise Patrick Hourquebie. Un sens de circulation guide les clients entre ces magasins dans le magasin. On entre par la musique ; on poursuit par la librairie, la papeterie de luxe, les Beaux-Arts et on finit aux caisses.

Le nombre des articles augmente, _____ _____, à la faveur de ce lifting : 25 000 disques, 20 000 références en papeterie et 60 000 en librairie, un chiffre inférieur aux concurrents du centre-ville, comme la FNAC et Mollat. Moins de livres que d'autres, mais quelques créneaux plus affirmés. Alice se spécialise sur deux secteurs : _____, équipée de présentoirs spéciaux.

« Distribution spécialisée ». Les nouvelles couleurs du bâtiment ne sont pas, _____ _____, le fruit du hasard. Le magasin est désormais intégralement rouge et noir. Rouge pour les moquettes, parce que « c'est la couleur de la vente, de la distribution », affirme Patrick Hourquebie. Noir pour les étagères et les plafonds, « parce qu'avec les éclairages, cette couleur s'efface au profit des produits. »

Cette nouvelle organisation aura valeur de test. En cas de bon accueil du public, elle devrait inspirer la physionomie du futur magasin de Villenave d'Ornon. Elle a aussi pour but de maintenir la croissance d'Alice. La fréquentation du magasin progresse chaque année, selon Patrick Hourquebie, pas mécontent d'avoir gagné, _____ son pari sur la « distribution spécialisée ». À savoir ces grandes surfaces, qui peuplent depuis quinze ans les périphéries urbaines, consacrées à un type de marchandises : sport, meuble, animaux... et, le concernant, les produits culturels.

Julien Rousset
© *Sud-Ouest,* lundi 18 août 2003

[1]La comtesse de Ségur : écrivain du XVIIIe siècle, célèbre pour les récits qu'elle rédigea pour ses petits-enfants ; on les qualifie souvent de « compositions nigaudes ».
[2]Une image d'Épinal : représentation exagérément schématique (souvent d'un optimisme excessif) d'une réalité complexe.

6 Maintenant, complétez le texte à l'aide des extraits qui vous sont proposés dans le désordre.

1) qui passe de 70 à 100 couverts
2) sans appui extérieur
3) autour tout bouge
4) cette fillette dessinée en noir et blanc
5) d'un cinquième environ

6) cet espace où se réalisent la plupart des achats
7) à l'intérieur comme à l'extérieur
8) elles non plus
9) les collections pratiques et la jeunesse
10) la toute fin des travaux est prévue pour mercredi

7 Repérez dans le texte toutes les améliorations apportées au magasin.

Extérieur		
Intérieur	Nouveau style	
	Distribution de l'espace	
	Organisation des rayons	
	Produits en vente	
	Nouveaux services	

8 Trouvez dans le texte les substantifs qui correspondent aux définitions suivantes.

1) petit sac en papier ou en matière plastique (§ 2) : _____
2) marchepied dont on se sert comme d'une échelle (§ 2) : _____
3) partie d'un marché qui n'est pas exploité (§ 6) : _____
4) dispositif servant à mettre des marchandises à la portée des clients (§ 6) : _____
5) aspect particulier propre à une chose, à un lieu ou à un objet (§ 8) : _____

9 Trouvez l'intrus.

1) une image *obsolète* : démodée • dépassée • moderne • désuète
2) un magasin aussi *étendu* : grand • large • long • spacieux • exigu • vaste
3) il n'est pas *mécontent* : satisfait • déçu • comblé • content • heureux
4) *bon* accueil : mauvais • défavorable • médiocre • remarquable

Écrire

10 La rédaction du journal pour lequel vous travaillez vous a demandé d'écrire un article afin de présenter la nouvelle bibliothèque municipale qui vient d'être rénovée. Présentez sa nouvelle décoration, la distribution de l'espace, l'organisation des rayons et les nouveaux services. (200 mots)

_____
_____
_____
_____
_____
_____
_____ (...)

L'expression de la condition et de l'hypothèse

« Si j'avais du talent, on m'imiterait.
Si l'on m'imitait, je deviendrais à la mode.
Si je devenais à la mode, je passerais bientôt de mode.
Donc il vaut mieux que je n'aie pas de talent. »

Jules Renard

1 Choisissez l'expression qui convient afin de compléter les phrases suivantes.

1) Il n'aurait pas gagné la médaille d'or *en cas de / avec / sans* un entraîneur comme celui-là, il est sans doute le meilleur.

2) Pour vous protéger, vous et vos proches, vous serez plus tranquilles *en cas / en disposant / avec* d'une assurance complémentaire.

3) J'accepte de te prêter mon appartement pour le week-end *à condition de / à condition que / à moins que* tu me promettes de le laisser tel que tu l'auras trouvé.

4) *En cas de / Au cas où / Si* vous ne le sauriez pas, il y a un « petit nouveau » en ville : le programme *Archimède* vient de sortir.

5) OK, tu peux sortir ce soir *en cas de / à moins de / à condition de* ne pas faire de bruit en rentrant.

6) Bon voyage, mon chéri, et n'hésite pas à m'appeler *sans / au cas où / si* tu as besoin d'argent.

7) Prends un pull et une écharpe *si / à condition que / au cas où* tu aurais froid.

8) *Si / Avec / Sans* un rythme de travail un peu plus soutenu, tu aurais sans doute eu ton bac.

2 Reformulez les subordonnées des phrases suivantes avec l'expression *en cas de*… ou *à condition de*…

1) - Peut-on donner des produits à base de plantes aux enfants ? - Bien sûr, à partir de 8 ans et si vous divisez la dose par deux.

_____

2) Je pars demain en vacances, je vais m'acheter une carte routière, qui pourra toujours servir si je me perds.

_____

3) S'il démissionne, le salarié doit déposer un préavis et il a droit à des indemnités de congés payés.

_____

4) J'ai entendu dire que le blanc d'œuf et le fromage blanc à 0 % favorisent le développement des muscles si on en mange tous les jours, est-ce vrai ?

_____

5) Que faire si vous avez une intoxication ? Appelez le centre antipoison de votre région et / ou le SAMU.

_____

6) Nous avons obtenu l'autorisation d'utiliser cette photo gratuitement, si on cite son auteur !

_____

3 Mettez les verbes entre parenthèses au temps qui convient.

1) Ça va ! Si tu as tellement faim, on _____ (aller) dîner plus tôt.

2) Si vous _____ (prendre) l'avion, vous seriez arrivées moins fatiguées et maintenant on pourrait aller se promener.

3) Si l'ordinateur ne marche pas, _____ (appeler) le technicien.

4) Si j'avais su qu'il était tellement pénible, je _____ (ne pas l'inviter).

5) Si tu faisais du sport régulièrement, tu te _____ (sentir) beaucoup mieux, je t'assure !

6) Si vous _____ (terminer) vos devoirs, vous auriez pu sortir, maintenant il est trop tard.

7) Si j'_____ (avoir) votre culture générale, je participerais à *Questions pour un champion*.

4 Formulez des regrets à partir des situations suivantes.

1) _____

2) _____

3) _____

5 Transformez les phrases suivantes en utilisant la conjonction *si* pour introduire les conditions.

Pour réussir, il doit posséder toutes ces qualités, sinon ses chances seront réduites.
→ *S'il ne possède pas toutes ces qualités, ses chances seront réduites.*

1) Pour vendre du poisson en Chine, il faut qu'il soit vivant. Sinon, il est considéré comme n'étant pas frais !

_____

2) Il ne suffit pas d'échanger des informations pour se comprendre. Sinon, ça se saurait !

_____

3) Mon employeur me demandait de plus en plus de services. J'étais obligé de dire oui, sinon il me menaçait de ne plus me rappeler.

_____

4) Si vous avez déjà un nom d'utilisateur, vous pouvez vous inscrire immédiatement. Sinon, vous pouvez vous adresser dès maintenant au responsable de votre secteur.

_____

5) Je te le dis pour la dernière fois : finis ton assiette, sinon privé de dessert !!!

_____

6) Certains disent que la voyance n'existe pas, sinon elle contribuerait à l'évolution des sciences, en révélant leur avenir.

_____

6 Reformulez les phrases suivantes à l'aide de l'expression donnée entre parenthèses.

1) Le retraité peut, comme tous les citoyens européens, résider dans le pays de son choix, s'il n'est pas à la charge de ce nouveau pays. *(à condition de / que)*

_____

2) Si tu veux arriver à l'heure, tu devrais prendre le métro. On ne sait jamais, il peut y avoir des embouteillages. *(au cas où)*

_____

3) Dans deux mois, 1 800 employés de Fiat seront mis au chômage technique si, d'ici là, la direction et les syndicats ne parviennent pas à un accord. *(à moins que)*

_____

4) Si vous mentez sur votre date de naissance, vous ne recevrez pas de cadeau le jour de votre anniversaire. *(sinon)*

_____

5) Si le concierge n'est pas dans sa loge, vous pouvez laisser le colis chez Mme Neuilly. *(en cas de)*

_____

La Cité des Sciences

1 L'activité solaire. Complétez le texte avec les mots de la liste suivante.

se prolonger ■ *constaté* ■ *savants* ■ *niveau* ■ *conclusion* ■ *évaluer* ■ *étudiant* ■ *astre* ■ *données* ■ *analysant* ■ *démonstration* ■ *cycles* ■ *chercheurs* ■ *atmosphère*

Une équipe internationale de _____ vient de faire la _____ qu'on peut _____ l'activité solaire en _____ le tronc d'arbres fossiles. Pour ce faire, les _____ ont utilisé des _____ connues en mettant en corrélation l'activité du soleil avec la teneur de l'_____ en carbone 14. Ils ont _____ que, depuis 8 000 ans, le soleil n'avait jamais atteint un _____ d'activité aussi élevé.

D'autre part, en _____ la périodicité des _____ de l'activité solaire, ils sont arrivés à la _____ que cette forte activité de l'_____ devrait encore _____ dans les prochaines décennies.

2 Médecine. Reliez les mots des deux colonnes.

1) une greffe
2) la régénération
3) des points
4) une transfusion
5) la pression
6) une analyse
7) des rayons
8) le rythme

a) artérielle
b) X
c) d'organes
d) cardiaque
e) de suture
f) des tissus
g) d'urine
h) sanguine

3 La science au service de l'industrie textile. Vous avez le début des mots, complétez-les.

On vient de cré _ _ les premiers vêtements intelligents. Les rec _ _ _ _ _ _ _ en lab _ _ _ _ _ _ _ _ ont permis de mettre au point des tissus anti-taches, anti-odorants avec des pro _ _ _ _ _ _ _ anti-bactériennes, anti-microbiennes ou encore des tissus électroniques.

Voici les explications de l'un des inv _ _ _ _ _ _ _ _ du tissu bactéricide : « Il s'agit de gre _ _ _ _ un bactéricide sur les tissus, selon des principes et des mét _ _ _ _ _ déjà connus mais la réa _ _ _ _ _ _ _ _ est assez délicate, ces bactéricides ont des cap _ _ _ _ _ _ anti-odorantes, par contre il n'y a aucun ris _ _ _ d'allergie car ils ne sont pas en contact direct avec la peau. Nous sommes en train de finir le projet avec le sou _ _ _ _ du CNRS mais il servira tout d'abord à des secteurs spé _ _ _ _ _ _ _ _ tels que le sport.

4 Les CD. Avec quels mots de la liste complétez–vous ce texte ?

coup de main ■ *graveur* ■ *à haut rendement* ■ *copie* ■ *piratage* ■ *déchargent* ■ *lecteur* ■ *informatique* ■ *industrielle* ■ *à haut débit* ■ *appareil numérique* ■ *boycott* ■ *clic* ■ *télécharge* ■ *ampli*

Avant, existaient les cassettes. Puis avec la révolution _____, on a découvert l'usage du _____ de CD. Pour les amateurs de musique, l'Internet _____ a signifié un réel progrès. En un _____, on peut se procurer toutes les chansons qu'on veut. Si on découvre un nouveau titre, on le _____ et l'ordinateur branché sur un _____ remplace avantageusement le _____ de CD. Faut-il appeler cela du _____ ?

5 La formation des mots : à l'origine, le grec.

a. Voici des préfixes venant du grec. Associez-les avec leur signification puis proposez pour chaque préfixe un ou deux mots français dans lesquels il apparaît.

1) l'être humain   a) péd(o)- : _____

2) la femme   b) ophtalm(o)- : _____

3) le temps   c) gyn(e)- : _____

4) le livre   d) xéno- : _____

5) l'enfant   e) dém(o)- : _____

6) la vie   f) path(o)- : _____

7) la maladie   g) anthrop(o)- : _____

8) la population   h) chron(o)-: _____

9) le doigt   i) bi(o)- : _____

10) les yeux   j) encéphal(o)- : _____

11) le cerveau   k) dactyl(o)- : _____

12) l'étranger   l) biblio- : _____

b. Préfixes d'origine grecque exprimant une idée de quantité.

Associez les préfixes à leur signification puis utilisez-les pour compléter les phrases suivantes.

hémi-	hyper-	hypo-	micro-	macro-	poly-

plusieurs   au-dessus de la normale   grand   la moitié   petit   au-dessous de la normale

1) Beaucoup de Français ont l'habitude de faire leurs courses de la semaine dans un _____ marché.

2) Certains diététiciens affirment que le régime _____ biotique permet de rester en bonne santé très longtemps.

3) 81 % de la surface de l'_____ sphère Sud est occupée par des mers et des océans.

4) Les Archives nationales offrent à leurs visiteurs, entre autres choses, une salle pour la lecture des _____ films.

5) Les deux alpinistes, retrouvés après 48 heures de recherche, présentaient des signes évidents d'_____ thermie.

6) Au XXᵉ siècle, de nombreux théâtres ont aménagé des salles _____ valentes, adaptables à plusieurs styles.

6 Chassez l'intrus.

1) stellaire • galactique • sidéral • minéral • solaire

2) analyser • tester • prouver • ressentir • expérimenter

3) inventif • ingénieux • créatif • doué • érudit

4) hormone • cellule • gène • transfusion • neurone

7 Questions de logique.

1. SI AVANT-HIER J'AVAIS 18 ANS ET QUE L'ANNÉE PROCHAINE J'EN AURAI 20, QUELLE EST MA DATE DE NAISSANCE ET QUEL JOUR J'AI FAIT CETTE DÉCLARATION ?

2. COMMENT PEUT-ON TRANSFORMER IX EN 10 EN RAJOUTANT UN ÉLÉMENT ?

3. DEUX MÈRES VONT FAIRE LES MAGASINS AVEC, CHACUNE, UNE DE LEURS FILLES. ELLES ACHÈTENT DES PULLS. QUAND ELLES RENTRENT CHEZ ELLES, ELLES N'ONT QUE TROIS PULLS ET POURTANT, CHAQUE FEMME EN A ACHETÉ UN. POUVEZ-VOUS EXPLIQUER POURQUOI ?

Écouter

1 Écoutez le document et choisissez l'option correcte.

1) Selon le présentateur de l'émission, le Minitel a été utilisé…

    a) par un très grand nombre de familles et pendant une vingtaine d'années.

    b) pendant une vingtaine d'années, par un secteur minoritaire de la société.

    c) par l'ensemble des familles françaises pendant plus de 40 ans.

2) Dominique Wolton pense que l'évolution de la technique…

    a) est de plus en plus rapide depuis quelques années.

    b) n'est pas très rapide car elle est liée à des intérêts économiques importants.

    c) est très rapide et liée à des intérêts économiques considérables.

3) Il s'intéresse…

    a) à l'histoire de l'évolution des techniques au cours des siècles.

    b) au rapport entre l'évolution des hommes et celle de la technique.

    c) à l'utilisation des techniques par les hommes.

4) Il constate que les techniques de communication…

    a) ont été extrêmement favorables à l'entente entre les peuples.

    b) présentent à la fois des avantages et des inconvénients, en ce qui concerne cette entente.

    c) sont des « outils » que les techniciens ont toujours développés avec précaution.

5) Selon lui, l'Internet devrait…

    a) faire l'objet de prises de décisions politiques.

    b) répondre uniquement à des objectifs économiques clairs.

    c) continuer à se développer librement.

6) Il devrait être aussi…

    a) défini clairement, soit comme outil de communication, soit comme outil commercial.

    b) coupé des secteurs économiques qui l'ont mis en place.

    c) observé attentivement pendant quelques années encore.

7) Les journalistes doivent…

    a) dénoncer le discours des industriels.

    b) garder le contrôle de l'information.

    c) utiliser davantage les informations auxquelles on a accès avec l'Internet.

2 Que signifient, dans ces extraits, les mots ou expressions en caractères gras ?

1) C'est souvent une guerre industrielle et technique avec **des enjeux** économiques gigantesques.

2) Les techniques de communication sont à la fois ce qui permet le plus **de rapprocher** les hommes et…

3) Elles réveillent **les haines** et les désirs de domination.

4) …mais il faut le **domestiquer.**

5) …dans **le cadre** de la réglementation.

6) Ça ne me gêne pas.

7) …et ma seule critique **concernant** les journalistes.

Parler

3 Réagissez aux propos de votre interlocuteur en accomplissant l'acte de parole indiqué sous le dessin.

a) Si tu n'étais pas venu, je n'y serais jamais arrivée.

b) Si tu as fini, donne-moi un coup de main.

c) Si tu lui parles franchement, il va finir par comprendre.

d) Si tu ne le fais pas toi, pourquoi devrais-je le faire, moi ?

e) Si tu l'as fait, c'est que tu t'es finalement décidé.

f) Si tu ne bossais pas tant, t'aurais le temps de te reposer.

g) Si tu continues comme ça, je vais devoir en parler à ton père.

h) Si vous ne m'aviez pas énervé, je n'aurais pas dit ça.

i) Si j'avais su comment te le dire, je l'aurais fait.

1 TU AURAIS DÛ M'EN PARLER. ...
Vous vous excusez.

2 TU NE PARLES JAMAIS DE TON PASSÉ ! ...
Vous vous justifiez.

3 JE LUI AI DEMANDÉ UN RENDEZ-VOUS. ...
Vous faites une déduction.

4 JE SUIS CREVÉ. ...
Vous faites un reproche.

5 VOILÀ, TOUT EST FINI. ...
Vous remerciez.

6 QU'EST-CE QUE ÇA PEUT ME FAIRE ? ...
Vous menacez.

7 TU AS BESOIN DE QUELQUE CHOSE ? ...
Vous demandez de l'aide.

8 VOUS POURRIEZ RESTER POLI ! ...
Vous faites un reproche.

9 JE N'AURAIS PAS DÛ LUI EN PARLER. ...
Vous émettez une hypothèse.

4 Situation. Il y a eu un malentendu que vous essayez de résoudre avec votre interlocuteur. Pour cela, utilisez différentes valeurs de « si ».

Lire

Dans 400 collèges et lycées, ils sont prévenus sur leur portable en cas d'ABSENCE de leurs enfants.

SMS : fini de sécher à l'insu des parents

Ami collégien ou lycéen, c'en est fini des jours heureux de séchage en toute impunité, les parents sont maintenant prévenus quasiment en temps réel par SMS. Oui, le SMS –la messagerie par portable– ton moyen de communication favori, sert désormais aussi de lien imparable entre les parents et l'école : on ne peut pas le piquer, si tu vois ce que je veux dire, dans la boîte aux lettres, le perdre comme un carnet de correspondance ou l'intercepter comme un message sur un répondeur.

« De : collège. Objet : absence élève date 11 / 2 de 9 / 10 h merci de contacter le lycée », voilà le message type qui s'affiche, en cas d'absence, sur le portable des parents d'élèves des établissements dotés de ce diabolique petit logiciel, *EduSMS,* qui fête ses 1 an. Et a vu le jour, selon la petite histoire, parce que « mes beaux-parents profs ont découvert le mail quand leurs enfants se sont retrouvés aux quatre coins du monde », _____ Hélène Durand, directrice générale de *Soluphone,* la société mère du logiciel. « Du coup, ils se sont dit que ça serait super d'avoir un outil comme ça au lycée, pour gérer les absences, faire gagner du temps aux conseillers d'éducation qui sont peu nombreux, prévenir les parents de tout ce qui concerne la vie de l'établissement. »

Confidentialité. Aujourd'hui 400 lycées et collèges ont adopté le système, « d'abord testé jusqu'en juin sur quatre lycées, puis commercialisé à partir de novembre », _____ Hélène Durand. Un abonnement annuel de 1 euro par élève, avec une moyenne de 600 élèves par établissement multiplié par 400, soit, « à la louche », _____ Hélène Durand, un chiffre d'affaires pour *EduSMS* « de 240 000 euros ».

L'appel est fait en classe, les absents notés, la liste est affichée sur l'ordinateur du collège, on clique sur le nom des absents, le logiciel envoie les données par l'Internet en système sécurisé et la société *Soluphone* fait passer les SMS aux parents. Et la confidentialité des portables ? « Pas de problème, _____ Hélène Durand. Nous garantissons la confidentialité des fichiers téléphone de nos clients : nous avons fait une déclaration à la Cnil[1] en ce sens ». Si un signal vert s'affiche sur l'écran, c'est que le message est arrivé. Si le portable est éteint, le signal est rouge.

Bref, « c'est très pratique et on gagne beaucoup de temps », _____ Jacques Sas, principal du collège Frédéric Mistral, au Lavandou (Var), qui s'est équipé avant Noël. « Avant, il fallait passer par le courrier ou les coups de fil, c'est très long. Là, on a le contact tout de suite avec les parents. 90 % d'entre eux ont dit oui à la lettre qu'on a fait passer à la rentrée pour soumettre le projet d'*EduSMS* ». Le plus marrant, c'est que c'est souvent dans les classes de troisième que des parents n'ont pas répondu : « Sans doute que les élèves n'ont pas donné les papiers, _____ Jacques Sas, on connaît les oiseaux ». Évidemment, pour les élèves c'est moche : plus possible de baratiner, mais, dans l'ensemble, « ils s'adaptent bien », croit savoir Gérard Espié, principal-adjoint du collège Joliot-Curie à Carqueiranne (Var).

Cantine fermée. *EduSMS* ne sert pas uniquement à la répression du séchage, mais aussi à prévenir les parents d'une fermeture de l'établissement, d'une grève des enseignants, de la date d'une réunion. « Dimanche, par exemple, la cantine a brûlé, _____ Gérard Espié. Eh bien, nous avons pu prévenir les parents de 900 élèves en quelques clics dans l'après-midi de dimanche, au lieu de 900 coups de fil.»

Certains élèves prétendent même être contents de l'existence du SMS délateur de sèche, « parce que s'ils ne sont pas à l'école à cause d'un accident, par exemple, leurs parents sont prévenus », explique Hélène Durand. Idem pour le carnet de notes. Au lieu qu'il soit subtilisé ou perdu, les parents reçoivent un SMS : « Le carnet de notes a été donné ce matin. » Difficile ensuite, SMS faisant foi, d'affecter de n'avoir rien vu. Les parents d'élèves sont responsabilisés, _____ la directrice générale de *Soluphone,* qui parle aussi de « prévention de l'absentéisme ». Sans aller jusque-là, on peut dire qu'en effet, c'est toujours moins barbare que de faire payer les parents pour l'absentéisme de leurs enfants.

Emmanuèle PEYRET
© Libération, vendredi 14 février 2003

---

[1] Commission Nationale de l'Informatique et des Libertés (http://www.cnil.fr)

5 Lisez le texte ci-contre, puis répondez aux questions suivantes.

1) Qui sont Hélène Durand, Jacques Sas et Gérard Espié ?

_____

2) Quel lien y a-t-il entre *EduSMS* et *Soluphone* ?

_____

6 Complétez les espaces laissés en blanc dans le texte avec un verbe de la liste suivante.

explique ■ *poursuit* ■ *reprend* ■ *se félicite* ■
narre ■ *rassure* ■ *rigole* ■ *souligne*

7 Dites si les affirmations suivantes sont vraies ou fausses.

1) Le logiciel *EduSMS* n'est pas commercialisé depuis longtemps.
2) Un grand nombre de lycées et de collèges ont participé aux essais qui ont précédé sa commercialisation.
3) Après avoir fait l'appel, le professeur avertit les parents des élèves absents, quasiment en temps réel.
4) Les responsables des établissements équipés de ce logiciel sont très satisfaits de son fonctionnement.
5) Les parents ont dû donner leur accord aux établissements pour que le système *EduSMS* soit adopté.
6) Le rôle d'*EduSMS* n'est pas seulement de dénoncer des comportements mais aussi d'avertir les familles d'événements concernant la vie scolaire.
7) La plupart des lycées et des collèges du Var vont s'équiper très prochainement du logiciel *EduSMS*.
8) L'utilisation du système n'est pas gratuite pour les familles.

Vrai : _____   Faux : _____

8 Trouvez dans le texte les mots de registre familier correspondant à ces mots de registre standard.

1) soustraire (§1) : _____
2) enseignants (§ 2) : _____
3) formidable (§ 2) : _____
4) amusant (§ 5) : _____

5) désagréable (§ 5) : _____
6) raconter des histoires (§ 5) : _____
7) même chose (§ 7) : _____

9 Quel est le sens des mots suivants dans le texte ?

1) sécher
  a) ne pas savoir répondre
  b) manquer volontairement sans motif valable
2) la petite histoire
  a) les anecdotes ou les événements du quotidien
  b) l'histoire la plus récente
3) à la louche
  a) grosso modo, en gros
  b) de façon suspecte
4) soumettre
  a) obliger quelqu'un à obéir à une loi
  b) proposer quelque chose en vue de son approbation
5) affecter
  a) simuler une attitude
  b) provoquer une émotion douloureuse chez quelqu'un

Parler

10 Un lycée envisage l'utilisation de *EduSMS* pour prévenir les parents d'élèves. Imaginez les avis d'un parent d'élève dans le carnet de correspondance du lycée (100 mots) et d'un lycéen dans le journal des lycéens (100 mots). L'un d'eux est pour l'utilisation du logiciel, l'autre est contre.

• Le discours rapporté

1 Lisez le texte suivant. Repérez les diverses formes de discours rapporté et indiquez s'il s'agit de discours direct, de discours indirect ou de discours indirect libre.

Il présenta son cousin, M. Hector de la Faloise, un jeune homme qui venait achever son éducation à Paris. Le directeur pesa le jeune homme d'un coup d'œil. Mais Hector l'examinait avec émotion. [...] Hector crut qu'il devait chercher une phrase aimable.
- Votre théâtre..., commença-t-il d'une voix flûtée.
Bordenave l'interrompit tranquillement, d'un mot cru, en homme qui aime les situations franches.
- Dites mon bordel.
Alors, Faucherey eut un rire approbatif, tandis que la Faloise restait avec son compliment étranglé dans la gorge, très choqué, essayant de paraître goûter le mot. [...]
- On m'a dit, recommença-t-il, voulant absolument trouver quelque chose, que Nana avait une voix délicieuse.
- Elle ! s'écria le directeur en haussant le épaules, une vraie seringue !
Le jeune homme se hâta d'ajouter :
- Du reste, excellente comédienne.
- Elle !... Un paquet ! Elle ne sait où mettre les pieds et les mains.
La Faloise rougit légèrement. Il ne comprenait plus. Il balbutia :
- Pour rien au monde je n'aurais manqué la première de ce soir. Je savais que votre théâtre...

- Dites mon bordel, interrompit de nouveau Bordenave, avec le froid entêtement d'un homme convaincu. [...] Cependant, Faucherey, très calme, regardait les femmes qui entraient. Il vint au secours de son cousin, lorsqu'il le vit béant, ne sachant s'il devait rire ou se fâcher.
- Fais donc plaisir à Bordenave, appelle son théâtre comme il te le demande, puisque ça l'amuse... Et vous, mon cher, ne nous faites pas poser. Si votre Nana ne chante ni ne joue, vous aurez un four, voilà tout. C'est ce que je crains d'ailleurs.
- Un four ! un four ! cria le directeur dont la face s'empourprait. Est-ce qu'une femme a besoin de savoir jouer et chanter ? Ah ! mon petit, tu es trop bête... Nana a autre chose, parbleu ! et quelque chose qui remplace tout. Je l'ai flairée, c'est joliment fort chez elle, ou je n'ai plus que le nez d'un imbécile... Tu verras, tu verras, elle n'a qu'à paraître, toute la salle tirera la langue.
Il avait levé ses grosses mains qui tremblaient d'enthousiasme ; et, soulagé, il baissait la voix, il grognait pour lui seul :
- Oui, elle ira loin, ah ! sacredié ! oui, elle ira loin... Une peau, oh ! une peau ! [...]

Émile Zola, *Nana* (1880)

2 Cochez la / les phrase(s) qui rapporte(nt) la phrase de départ.

1) Ne m'interrompez pas systématiquement !
   a) Elle leur a dit de ne pas l'interrompre systématiquement.
   b) Il lui a demandé de ne pas l'interrompre systématiquement.
   c) Elle a reconnu qu'elle ne voulait pas être interrompue.

2) Je rentrerai de Strasbourg la semaine prochaine.
   a) Il m'a affirmé qu'il rentrerait de Strasbourg la semaine suivante.
   b) Elle m'a demandé si je rentrerais de Strasbourg la semaine d'après.
   c) Il nous a annoncé qu'il rentrerait la semaine prochaine.

3) Marine vient d'être nommée directrice.
   a) Elle voulait savoir qui avait été nommé directeur.
   b) Elle s'est proposée pour devenir directrice.
   c) Elle a annoncé que Marine venait d'être nommée directrice.

4) Tu n'as jamais visité Paris ?
   a) Elle m'a demandé si je visiterais Paris.
   b) Elle m'a demandé si j'avais déjà visité Paris.
   c) Elle voulait savoir quand j'allais visiter Paris pour venir avec moi.

5) Il faut que tu fasses un effort pour t'intégrer.

   a) Il a insisté pour que je fasse un effort pour m'intégrer.

   b) Il m'a suggéré de faire un effort pour m'intégrer.

   c) Il approuve les efforts que je fais pour m'intégrer.

6) Quelle poule mouillée !

   a) Elle lui a reproché son manque de courage.

   b) Elle l'a félicité pour sa prudence.

   c) Elle lui a conseillé de prendre garde.

7) C'est la dernière fois que je te le dis : fiche-moi la paix !

   a) Elle l'a prié de ne plus la déranger.

   b) Elle lui a dit qu'elle en avait ras-le-bol qu'il insiste autant.

   c) Elle lui a interdit de continuer à leur téléphoner.

8) J'ai décidé de ne pas me présenter aux prochaines élections.

   a) Le député a promis à ses électeurs de travailler pour leur bien-être.

   b) Le candidat a annoncé sa volonté de quitter la scène politique.

   c) Le candidat a annoncé aux journalistes ses projets immédiats.

3 Mettez ces phrases au discours indirect et indiquez les verbes ou expressions qui n'acceptent pas la transformation.

Claire :   Ce que j'aime, tu vois, c'est qu'à Paris tout est possible.

Maryse : Je choisissais toujours en fonction des grèves, c'est-à-dire… même si c'était trois quarts d'heure.

Claire :   Il faut que le cosmopolite… il vive, quoi, il s'intègre. Si tu rentres dans un bar d'habitués, tu vas avoir l'impression qu'on te regarde un peu ; tiens ! une nouvelle tête !

Frédéric : Moi je pense à peu près aussi la même chose, hein… et j'apprécie aussi la diversité des quartiers.

4 Révision. Une erreur s'est glissée dans chacune des phrases suivantes : corrigez-la.

1) Je n'ai pas du tout aimé la façon avec laquelle il lui a répondu.

2) Nous sommes ravis que c'est chez toi que nous fêterons l'anniversaire d'Annie.

3) En étant passionné par la mer, je voudrais connaître les études à suivre pour devenir océanologue.

4) J'ai acheté un rôti au cas où il décide de venir à la dernière minute.

Vivre dans une métropole

1 Paris et la région parisienne. Complétez les articles avec des mots donnés pour chacun.

A) Nouveau visage pour les Halles ?

transformer ■ *square* ■ *chantier* ■ *accès* ■ *quartier* ■
espaces ■ *rénover* ■ *zone piétonne* ■ *immeubles*

Il est question de remodeler les Halles, le cœur de Paris. Pour certains, il est primordial de _____ ou de _____ les pavillons autour du centre commercial car ils ont beaucoup vieilli. D'autres souhaitent que l'on mette en valeur les _____ traditionnels qui rappellent l'histoire de la ville.
Mais pour quelques-uns qui rêvent d'_____ verts, c'est le _____ des Innocents qui doit subir une cure de rajeunissement. Une association de _____, elle, demande que l'on tienne compte des habitants actuels qui aimeraient trouver un marché à leur porte ou apprécieraient qu'on élargisse la _____.
Un point sur lequel tout le monde semble d'accord, c'est qu'il faut repenser les _____ et en inventer d'autres. Quelles que soient les orientations choisies, ce futur grand _____ représente un défi.

B) Les jardins des Mureaux

cités ■ *aménagés* ■ *réappropriation* ■ *banlieue* ■ *pavillons* ■
environnemental ■ *grands ensembles* ■ *commune*

À un peu plus d'une demi-heure de train de la capitale, Les Mureaux est une ville de la grande _____ qui combine petits _____ et HLM.
Ils étaient 120 Muriautins* à postuler pour un bout de jardin, 40 se sont vu attribuer, par tirage au sort, les nouveaux jardins familiaux _____ par la _____ entre le parc paysager de Sautour et les _____ du quartier des Musiciens.
Qu'est-ce qui a fait naître cette expérience ? Le responsable des lieux de _____ de la nature explique que ces jardins joueront un rôle social, _____, éducatif et éthique. Il insiste particulièrement sur le fait qu'ils contribuent au brassage social. « Il nous a semblé important que tous les quartiers de la ville y soient représentés et pas uniquement ceux des _____ HLM. » Apparemment, l'expérience a été très bien accueillie par les Muriautins.
*habitants des Mureaux

2 Population. À quoi ces phrases font-elles allusion ?

1) Il avait dû venir travailler en France car il n'y avait pas de débouchés pour lui en Tunisie : _____

2) Ce phénomène est dû en partie à la baisse de la mortalité, aux grands âges : _____

3) C'est dans les départements d'outre-mer, la Réunion par exemple, que l'on dénombre le plus de mariages mixtes entre les différents groupes ethniques : _____

4) La population française est passée de 40,5 millions d'habitants en 1946 à 62 millions au recensement de 2004 : _____

3 Pêle-mêle : les mots composés.

a. Retrouvez, à partir des devinettes, les mots composés.

- Lieux et choses

1) On peut y faire le plein d'essence : _____

2) Le service qui assure l'entretien ou la réparation d'un
appareil qu'on a acheté : _____

3) Le fait de louer une chambre ou un appartement non pas au
propriétaire mais au locataire de celui-ci : _____

4) L'objet dans lequel on met son argent :

_____

1) station-	a) monnaie
2) sous-	b) vente
3) porte-	c) service
4) après-	d) louer

- Personnes

1) Professionnel qui dresse un chien pour lui enseigner
à rendre des services : _____

2) Personne qui agit avec une familiarité excessive et
sans se soucier des autres : _____

3) Enfant qui vient de naître : _____

4) Personne qui refuse la violence comme moyen d'action :

_____

1) nouveau-	a) violent
2) maître-	b) gêne
3) sapeur-	c) né
4) sans-	d) chien
5) non-	e) pompier

5) Personne chargée de lutter contre les incendies, les accidents
menaçant la sécurité publique : _____

b. À votre tour, inventez une définition ou un exemple pour ces mots composés.

1) Une cité-dortoir : _____

2) Une porte-fenêtre : _____

3) Un non-voyant : _____

4) Un pique-assiette : _____

5) Un sans-papiers : _____

6) Un maître-chanteur : _____

4 Ça vaut de l'or ? À quel « or » fait-on allusion dans les phrases ci-dessous ? Par quel(s) mot(s) pouvez-vous
remplacer les expressions soulignées ?

Exemple : Les batailles de l'or vert. Utilisées depuis des millénaires pour soigner, elles sont devenues l'enjeu d'un
nouveau marché économique aux perspectives gigantesques. ➡ *les plantes*

1) Il faut empêcher l'emprise du secteur privé sur l'or bleu, cette ressource à laquelle chaque humain doit avoir droit car
elle est primordiale pour sa survie. ➡ _____

2) La ruée vers l'or rouge. Alors qu'on vendange encore, bon nombre de grandes surfaces vous proposent des
dégustations, ainsi que des informations sur les différents crus. ➡ _____

3) Un bienfait pour tous, l'or blanc. Tout le monde connaît la valeur nutritionnelle des protéines laitières mais il faut
savoir qu'elles ont aussi des propriétés thérapeutiques, fonctionnelles et cosmétiques. ➡ _____

4) Quel avenir pour l'or rouge des savanes du Togo ? Qu'on la considère comme un fruit ou un légume, en sauce ou
en salade, sa culture a permis aux populations productrices d'en tirer de bons bénéfices. ➡ _____

5) Dans un des nombreux albums dessinés par Hergé, Tintin part faire une enquête au pays de l'or noir car de
l'essence falsifiée envahit le marché. ➡ _____

6) Cette plante textile cultivée au Bénin a été qualifiée d'or blanc par les spécialistes car sa culture représente 80 % des
recettes à l'exportation. ➡ _____

Écouter

1 Écoutez le premier document et répondez aux questions.

1) Avec quels mots clés le narrateur caractérise-t-il la ville ?

_____

2) Que dit-il des rapports entre les gens et pourquoi parle-t-il d'un café ?

_____

3) Quelles sensations les habitants peuvent-ils avoir du mal à exprimer ?

_____

4) Quels aspects concrets de la ville le narrateur évoque-t-il ?

_____

5) Où réside la contradiction de la ville selon lui ?

_____

6) À quelle envie le narrateur fait-il allusion ?

_____

7) À votre avis, quelle vision le narrateur donne-t-il de la ville ? Partagez-vous son point de vue ?

_____

2 Écoutez le deuxième document et retrouvez les 4 phrases qui correspondent à l'enregistrement.

1) Il avait neigé et il continuait à neiger. ☐

2) La station de métro de Tolbiac avait plusieurs entrées. ☐

3) C'était la première fois que le narrateur entendait le Noir chanter d'une voix faible. ☐

4) Le narrateur l'a salué car ils se voyaient souvent. ☐

5) Le Noir avait repéré sur sa montre qu'il passait toujours à la même heure. ☐

6) Le narrateur éprouvait en général de la curiosité à savoir ce qu'il se passait dans le métro. ☐

7) Les policiers chargés de la sécurité lui inspiraient un mélange égal de peur et de confiance. ☐

8) Le narrateur s'est dépêché de sortir du métro. ☐

3 Écoutez le poème et complétez-le.

Bonjour Paris.
C'est toujours la même _____,
Ô _____ que je fredonne :
Tout ce que j'ai, _____,
_____ battent à l'unisson.
Sur _____, le long _____,
À Montmartre, près des moulins,
Mes souvenirs entrent en scène :

Bonjour, Paris des _____ !
Bonjour, Paris des midinettes,
Des _____, des _____,
Des _____ et des bals musette !
Si je te dois _____,
C'est sur _____.

Poème de Francis Carco, publié dans l'*Anthologie thématique de la poésie française*, de M-P Fouchet, © Éditions Seghers

4 Répondez aux questions.

1) Comment le poète considère-t-il la ville ?

_____

2) Qu'est-ce qui a fait naître son goût pour la poésie ?

_____

_____

Parler

Expressions pour... Prenez une pincée de chaque leçon.

5 Choisissez l'option qui convient et dites si les phrases appartiennent au registre standard ou familier.

1) « Il est cinglé ! » veut dire...

    a) Il est content !   **b)** Il est malade !   **c)** Il est fou !

2) « Mon œil ! » veut dire...

    a) J'ai mal aux yeux !   **b)** Ça m'est égal !   **c)** C'est faux !

3) « Il a un cœur de pierre » est une métaphore pour faire comprendre qu'il est...

    a) fidèle   **b)** insensible   **c)** généreux

4) « Un point c'est tout ! » sert à...

    a) dissuader quelqu'un d'insister   **b)** encourager son interlocuteur   **c)** prendre la parole

5) « Enfin, bon, passons » sert à...

    a) changer de sujet   **b)** donner la parole à quelqu'un   **c)** éviter de donner son avis

6) « Vous me suivez ? » sert à...

    a) simplifier ce qu'on dit   **b)** indiquer son chemin   **c)** vérifier la compréhesion

7) « Je reprends ? » sert à...

    a) vérifier la compréhension   **b)** simplifier ce qu'on dit   **c)** éviter de préciser

8) « Poser un lapin » veut dire...

    a) ne pas aller au rendez-vous fixé   **b)** dire un mensonge   **c)** parler trop vite

9) « Mettre de l'eau dans son vin » veut dire...

    a) provoquer la colère de quelqu'un   **b)** modérer ses exigences   **c)** éviter de prendre parti

Registre standard : _____   Registre familier : _____

6 Situation. L'un(e) de vous est un ferme défenseur de la vie à la campagne, l'autre de la vie citadine. Comparez les deux styles de vie et donnez des arguments pour justifier votre choix.

Lire

7 Lisez les titres des 3 textes suivants et faites des hypothèses sur le contenu de ceux-ci. Ensuite, vérifiez-les en lisant chaque article.

La colocation

***Friends, Les colocataires*... la colocation est à la mode cathodique, comme dans la vie réelle ! C'est, en effet, le meilleur moyen pour disposer d'un grand appartement avec un budget limité. Mais la vie à plusieurs n'est pas toujours facile...**

Le problème numéro un pour les colocataires est de trouver un logement adapté et un propriétaire acceptant de le louer à plusieurs étudiants : la plupart d'entre eux préfèrent le plus souvent louer à des familles.

Devenir colocataire

Si vous connaissez déjà les personnes avec lesquelles vous souhaitez partager un appartement, il vous suffit de trouver un logement qui convienne à tous. Attention : le statut juridique du colocataire est très particulier, renseignez-vous avant de signer votre bail.

Mais peut-être n'avez-vous pas encore trouvé votre perle rare ? Deux solutions : vous trouvez un logement puis les coloc' qui iront avec, ou inversement, vous trouvez les coloc' qui ont déjà un appartement et cherchent une nouvelle tête.

Le statut de colocataire :
un pour tous, tous pour un

Tous les locataires de l'appartement sont solidaires des obligations vis-à-vis du bailleur. Notamment, pour le paiement du loyer. Si un colocataire cesse de payer le loyer, le bailleur pourra se retourner vers l'un des autres locataires (ou son garant) pour obtenir le paiement de l'intégralité du loyer. Si l'un des colocataires déménage, il reste engagé vis-à-vis du bailleur jusqu'à la fin du contrat. Enfin, la lettre de résiliation du bail n'est valable que si elle est signée par tous les colocataires.

On a testé les « Jeudis de la colocation »

Tordons le cou aux idées reçues : à moins d'être la nièce de Claire Chazal, le journaliste débutant connaît comme tout le monde des difficultés financières. Loin de moi, l'idée de me plaindre, mais quand ma boss m'envoie tester les « Jeudis de la colocation », l'occasion est trop belle de faire d'une pierre deux coups : vous rapporter fidèlement mes impressions et dénicher l'appart' de mes rêves… avant vous !

Par Gaëlle Cloarec

Jeudi 4 mars, 20 h. Comme d'hab', je suis à la bourre… Je me rue au Six Seven, une boîte située à 2 pas des Champs-Élysées, où se déroulent tous les 1ers jeudis du mois, les « jeudis de la colocation » : une soirée où chacun se démène pour trouver un appart', des colocataires et plus si affinités…

Constatation n° 1 : on est visiblement nombreux à galérer pour dénicher une location dans Paris. Une centaine de personnes, plus ou moins jeunes, style baggy ou costume cravate, déambulent dans la salle, un verre à la main, stylo et bloc-notes sous le bras. C'est clair, ici, on cherche un appart'. Mais le trouve-t-on réellement ?

En échange de 7 euros, on me colle un verre et une étiquette avec mon prénom et le lieu de ma recherche. Avant de me jeter dans l'arène, on m'explique en 2 minutes chrono (c'est qu'il y a du monde…) le déroulement de la soirée.

Ma mission : localiser et aborder les « A ». Les personnes désignées par cette lettre énigmatique sont les rois de la soirée puisqu'ils disposent déjà d'un appartement à partager. Constatation n° 2 : les « A » sont mes nouveaux amis. Évidemment, il n'est pas facile d'atteindre un « A ». Installé à une table, il reçoit tour à tour nos candidatures.

Des files d'attente se forment. Je joue des coudes, tente de griller une place, puis me décide à faire comme tout le monde : mine de rien, j'espionne mes concurrents tout en sirotant mon punch. Car « même si l'ambiance est cool, me rappelle Antoine, intermittent du spectacle, on est quand même en train de passer un entretien ». C'est vrai pour ceux qui proposent des locations dans Paris, tels Marc et Olivier qui ont du mal à trouver leur futur colocataire. Ils proposent de partager une maison à Cergy. « Trop loin, trop galère », leur répond-on. Mais ils gardent le sourire : « les filles sont jolies… ».

Constatation n° 3 : mi-agence immobilière, mi-agence matrimoniale, ça drague sec quand même. Toutes les occasions sont bonnes à prendre !

Mon tour arrive. Barbara me présente son appart', situé dans le 20e, puis me pose quelques questions, histoire de savoir comment j'envisage la vie en colocation. La sélection est rude, mais le casting se passe bien. Seul hic, je dois compter entre 400 et 500 euros par mois pour une chambre de 15 m². C'est presque le prix d'un studio… Constatation n° 4 : tout a un prix, même la vie en communauté.

www.colocation.fr

8 Lisez rapidement les textes et dites dans les(s)quel(s)…

1) on donne des conseils aux personnes qui louent un appartement. ⇒ _____
2) on parle d'expériences de recherche d'un appartement. ⇒ _____
3) on invite à parler de sa propre expérience. ⇒ _____
4) on propose de se renseigner sur des locations d'appartements. ⇒ _____

9 Dites si les affirmations suivantes sont vraies ou fausses.

1) Les propriétaires ont tendance à louer plutôt à des familles.
2) Légalement, être colocataire ne présente aucune différence avec le fait d'être locataire.
3) Pour devenir colocataire, il suffit d'avoir un appartement à louer.
4) En assistant aux « Jeudis de la colocation », Gaëlle Cloarec voulait trouver un colocataire pour son appartement.
5) La colocation intéresse principalement les jeunes au sens large.
6) La participation aux « Jeudis de la colocation » n'est pas gratuite.
7) Les participants aux « Jeudis de la colocation » sont classés en deux catégories.
8) Ceux qui proposent des appartements contactent les personnes intéressées.
9) L'atmosphère de ces « jeudis » est très peu formelle.
10) Le prix de la colocation n'est pas inférieur à celui de la location d'un studio.

Vrai : _____   Faux : _____

10 Quel(s) avantage(s) la colocation offre-t-elle ? Quels en sont les difficultés et les inconvénients ?

_____
_____

11 Que veut dire dans le deuxième texte « Le statut de colocataire : un pour tous, tous pour un » ?

_____
_____

12 Trouvez dans les deux premiers textes les mots dont vous avez ci-dessous les définitions.

1) somme d'argent prévue pour une dépense : _____
2) contrat de location : _____
3) personne qui offre en location : _____
4) annulation d'un contrat : _____
5) transporter ses meubles et autres affaires d'un logement à un autre : _____

Écrire

13 Vous avez fait l'expérience d'une colocation. Vous souhaitez partager vos impressions. Vous écrivez un mél au site *www.mapiaule.com.* Racontez vos démarches pour trouver un appartement en colocation, donnez vos impressions sur la cohabitation et, éventuellement, commentez vos rapports avec le propriétaire. (200 mots)

_____
_____
_____
_____
_____
_____ (…)

CORRIGÉS

UNITÉ 1
LEÇON 1

GRAMMAIRE

1. 1) un autre
   2) on / on
   3) plusieurs
   4) Quelque chose
   5) Certains / d'autres
   6) tous
   7) quelqu'un
   8) Tout
2. 1) Chacun
   2) on
   3) Rien
   4) tous
   5) tou
   6) Personne
3. 1) n'importe comment
   2) n'importe quelle
   3) n'importe qui
   4) n'importe où
   5) n'importe quoi
   6) n'importe qui
   7) n'importe quel
   8) n'importe quand
4. 1) n'importe quel problème
   2) n'importe quoi
   3) n'importe quel moment
   4) n'importe quelle marque
   5) n'importe quoi
5. 1) chacun
   2) les Français
   3) tu
   4) vous
   5) nous (vous + moi)
   6) nous (toi + moi)
6. Quantités précises : sept années, 7 %, 3 millions, la moitié, 45 %, le reste, 4 %, 20 %, 16 %
   Quantité imprécise : cette faible part
7. Réponses libres.
8. 1 h / 2 c / 3 g / 4 b / 5 d / 6 a / 7 e / 8 f

LEXIQUE

1. La réflexion : les échecs, les dames, le jeu de go, l'awalé
   Le hasard : le loto, la roulette, le jeu de l'oie
   L'adresse : le tir à l'arc, la pétanque, les fléchettes, le billard, la jonglerie
2. **a.** 1) le tennis
   2) la peinture
   3) le jardinage
   4) le tricot
   b. *Propositions* :
   1) la corde, le pic, les chaussures de montagne
   2) le marteau, les clous, le mètre
   3) le fil, les aiguilles, les ciseaux, le dé
   4) les timbres, l'album, la pince, la loupe
3. 1) a pris du bon temps
   2) gagner du temps
   3) tuer le temps
   4) a mis du temps
   5) trouvais le temps long
   6) a du temps devant lui
   7) y a eu un temps mort

8) a fait son temps
4. 1) la force (f.)
   2) la souplesse (f.)
   3) la culture (f.)
   4) la musique (f.)
   5) la compétition (f.)
   6) la solidarité (f.)
   7) l'association (f.)
   8) le bénévolat (m.)
   9) le spectacle (m.)
5. *Propositions* :
   1) Elle tend le bras gauche et recule le bras droit pour tirer.
   2) Un des garçons plonge et l'autre prend son élan.
   3) Elle plie les jambes et tend un bras pour escalader.
   4) Il se penche, il a une jambe en arrière et lance la boule.
6. *Propositions* :
   1) encourager
   2) champion
   3) s'est cassé une jambe
   4) performance
   5) se qualifier
   6) On a perdu
   7) jouera
   8) a gagné
7. 1) j'ai couru
   2) ont sauté
   3) a marqué
   4) a lancé
   5) danser
   6) nage

COMPÉTENCES

1. Vrai : 1, 3, 5, 6, 7 / Faux : 2, 4, 8
2. 1 b / 2 c / 3 b / 4 a / 5 b / 6 b / 7 b / 8 c / 9 b / 10 b
3. 1) une baleine
   2) une ballerine
   3) une majorette
   4) des tomates
   5) une athlète
   6) une sirène
   7) une auto
   8) un volcan
4. 1 l / 2 e / 3 c / 4 k / 5 b / 6 i / 7 f / 8 h / 9 g / 10 j / 11 d / 12 a
5. A 10 / B 12 / C 9 / D 6 / E 2 / F 8 / G 3 / H 7 / I 11 / J 1 / K 4 / L 5
6. a) 1, 2
   b) 4, 8, 9, 11
   c) 3, 5, 9
   d) 6, 7, 10
   e) 1, 8, 12
7. Réponses libres.
9. 1 c / 2 a
10. 1 c / 2 a / 3 d / 4 b
11. Vrai : 1, 4, 5, 6 / Faux : 2, 3, 7, 8
12. Réponses libres.

LEÇON 2

GRAMMAIRE

1. j'avais / n'en menais pas / s'est arrêté / c'était / portait / je réalisais *ou* j'ai réalisé / était / J'avais *ou* J'ai eu / il s'est levé / J'étais *ou* J'ai été / parlait / j'écoutais / pensais / c'était / n'était

pas / avait été / avait ajouté / avait / était / J'avais hoché / c'était / adorait / j'ai su / ne me plaisait pas *ou* ne m'a pas plu / j'ai téléphoné / j'allais / Elle m'avait convaincue / savais / avait / réservait / suis tombée / avons bavardé / Je l'ai vu / il m'a paru / il m'a proposé / j'ai accepté / nous sommes devenus

2. Alceste nous <u>a donné</u> rendez-vous, à un tas de copains de la classe, pour cet après-midi dans le terrain vague, pas loin de la maison. Alceste c'<u>est</u> mon ami, il <u>est</u> gros, il <u>aime</u> bien manger, et s'il nous <u>a donné</u> rendez-vous, c'<u>est</u> parce que son père lui <u>a offert</u> un ballon de football tout neuf et nous <u>allons faire</u> une partie terrible. Il <u>est</u> chouette, Alceste.
   Nous nous <u>sommes retrouvés</u> sur le terrain à trois heures de l'après-midi, nous <u>étions</u> dix-huit. Il <u>a fallu</u> décider comment former les équipes, pour qu'il y ait le même nombre de chaque côté. Pour l'arbitre ça <u>a été</u> facile. Nous <u>avons choisi</u> Agnan.
   Texte au passé :
   Alceste nous <u>avait donné</u> rendez-vous, à un tas de copains de la classe, pour cet après-midi-là dans le terrain vague, pas loin de la maison. Alceste c'<u>était</u> mon ami, il <u>était</u> gros, il <u>aimait</u> bien manger, et s'il nous <u>avait donné</u> rendez-vous, c'<u>était</u> parce que son père lui <u>avait offert</u> un ballon de football tout neuf et nous <u>allions</u> faire une partie terrible. Il était chouette, Alceste. Nous <u>nous étions retrouvés</u> sur le terrain à trois heures de l'après-midi, nous <u>étions</u> dix-huit. Il <u>avait fallu</u> décider comment former les équipes, pour qu'il y ait le même nombre de chaque côté. Pour l'arbitre ça <u>avait été</u> facile. Nous <u>avions</u> choisi Agnan.

3. changea → changer
   s'immobilisa → s'immobiliser
   résonna → résonner
   retint → retenir
   sentit → sentir
   glissa → glisser
   sentit → sentir
   ouvrit → ouvrir
   sourit → sourire
   se réveilla → se réveiller
   se leva → se lever
   se rhabilla → se rhabiller
   serra → serrer
   embrassa → embrasser
   s'en alla → s'en aller
   resta → rester
4. ravagea / mit / provoquèrent / gronda / donnèrent / unirent / envahirent / fut / ouvrit / échoua / fut / dut / mourut

LEXIQUE

1. orphelin, orphelinat
   vieillissement, vieillesse, vieillir
   infantile, enfant, enfantin
   mûr, immature, maturité

naissance, nouveau-né, naître

2. naissance / enfance / accueilli / entouré / grandi / adolescence / origines / recherches / procréation / orphelinat

3. 1) Un homme jeune est un homme qui n'est pas très âgé et un jeune homme est un adolescent.
   2) Le beau-frère d'une personne est soit le mari de sa sœur, soit le frère de son mari.
   3) Une personne d'un certain âge est généralement dans la cinquantaine tandis qu'une personne âgée fait partie du « troisième » âge, c'est-à-dire qu'elle a au minimum 65 ans.
   4) Faire l'enfant signifie avoir un comportement puéril, alors que faire jeune veut dire paraître jeune et faire généralement plus jeune que son âge.

4. 1) ~~mon couple~~ → ma femme… / ~~aviser~~ → annoncer / ~~grosse~~ → enceinte
   2) ~~pères~~ → parents / ~~se retirer~~ → prendre leur retraite. / ~~petits fils~~ → petits-enfants
   3) ~~se portent mal~~ → ne s'entendent pas bien / ~~marcher~~ → partir
   4) ~~soigner~~ → t'occuper de ou garder / ~~tourner~~ → rentrer

5. 1) s'angoisser
   2) heureux
   3) en colère
   4) se quereller

6. 1) mec
   2) nana
   3) bonne femme
   4) gosse
   5) papi

7. joie → joyeux → se réjouir
   bonheur → heureux → être heureux
   épreuve → éprouvant → éprouver
   inquiétude → inquiétant → s'inquiéter
   attachement → attachant ou attaché → s'attacher
   tristesse → triste → être ou se sentir triste
   héritier → héréditaire → héritage
   accueil → accueillant → accueillir
   satisfaction → satisfait → satisfaire

8. 1) cohabitation / colocataire
   2) covoiturage
   3) codirecteur
   4) coexistence

9. 1) codiriger
   2) cosigner
   3) coéquipier
   4) coréalisation
   5) copilote

COMPÉTENCES

1. 1) 2) 3) 4) C'est une dame âgée qui parle, concrètement à sa nièce. Elle commente, à partir des questions que lui pose sa nièce, l'époque où elle a vécu à l'étranger. Elle raconte ses souvenirs de manière très enthousiaste et positive, sans insister sur les aspects ou moments difficiles.

2. Erreurs : ~~une enfant~~ → une adolescente / ~~sur la place de son village~~ → au bal / ~~un jeune Indochinois~~ → un Français (qui revenait d'Indochine) / ~~l'accord spontané des familles~~ → Ma mère, au début, disait non. / ~~relations téléphoniques~~ → on a correspondu / ~~pendant 4 ans~~ → pendant deux ans / ~~ils se sont mariés assez rapidement~~ → quand il a eu une situation bien assise / ~~six enfants~~ → quatre cousins / ~~pour contrôler l'agence pétrolière dont il était le directeur~~ → L'agence de pétrole s'était retirée mais il avait monté avec un associé une entreprise. / ~~Elle partait le rejoindre tous les quatre ans.~~ → Je repartais le voir quatre mois tous les ans.

3. Vrai : 2, 4, 7 / Faux : 1, 3, 5, 6

4. 1) stable et sûre
   2) a été bouleversée
   3) mon petit village
   4) faire bonne impression
   5) vivait très bien
   6) une nourrice
   En 2005, Anne-Marie a 89 ans.

5. Prendre la parole pour raconter : Ah, tiens ! je vais te raconter… / Vous savez ce qui m'est arrivé…? / C'est comme ce qui s'est passé avec…. / C'est la même chose que…
   Introduire ce qu'on va raconter : Moi, on m'a fait téléphoner quatre fois. / Je me suis fait engueuler par un gendarme.
   Présenter le cadre du récit : Tu connais Manu, le garagiste… ? / J'étais dans mon jardin… / L'autre jour, à la sortie de…
   Introduire un élément perturbateur : Alors le type me dit : « c'est interdit ». / Du coup, je ne retrouve plus les clés. / Soudain, j'ai entendu quelqu'un hurler…
   Présenter les péripéties qui surviennent : J'ai téléphoné à…, on m'a dit… / Je suis montée… / J'ai vu….
   Donner la situation finale : Bref, c'était trop tard. / Résultat, je n'avais plus rien. / En somme, il n'a rien fait.
   Donner un sens à l'histoire racontée : Ça se fait pas ! / C'est pour te dire que… / Tu vois comment ils travaillent ?

6. Réponses libres.

7. La recherche de ses origines, la généalogie.

8. Le premier texte part de témoignages et de cas particuliers pour constater une nouvelle tendance dans la société et la présenter aux lecteurs. Le deuxième est construit comme un guide, avec des points concrets et des étapes à suivre. Les objectifs sont différents et la manière de les construire aussi.

10. Les deux textes stipulent qu'il faut consacrer beaucoup de temps à la recherche de ses ancêtres et qu'il

s'agit d'une passion ; qu'il faut consulter les archives départementales, aller dans les églises et dans les mairies des villages et communes.

11. On peut remonter au XVIIe siècle et même au Moyen Âge, si les ancêtres sont nobles. Le temps que prend la recherche généalogique dépend des ancêtres, c'est-à-dire s'ils sont originaires de la même région, s'ils ont émigré…

12. Réponses libres.

UNITÉ 2
LEÇON 3

GRAMMAIRE

1. 1) On **les** entend chanter à tue-tête.
   2) Tu me **la** prêtes ce week-end ?
   3) J'aimerais tant **le** connaître !
   4) Elle va se **l'**acheter ?

2. 1d / 2b / 3e / 4f / 5c / 6a

3. *Propositions* :
   1) Tu as payé le loyer au propriétaire ?
   2) Vous avez appelé Marie pour lui demander son adresse à Paris ?
   3) Tu ne vas pas goûter la sauce hollandaise ?
   4) Vous ne voulez pas jeter un coup d'œil à notre mezzanine ?
   5) Hugo s'est disputé avec eux à cause des DVD ?

4. 1) dernier train
   2) dernière minute
   3) l'année dernière
   4) dernière fois
   5) prochaine fois
   6) lundi prochain
   7) prochain bus
   8) semaine prochaine

5. Au mois de / à la fin de / pendant / Souvent / pendant / toute la journée / Jusqu'à / ensuite / À partir de / pendant / dès que / alors / après / lors / aujourd'hui / Depuis / en

6. Ce matin / longtemps / dimanches / aujourd'hui / jour / La veille / Le lendemain / après / Ce matin / semaine précédente / prochaine / moment / Cela fait / ans / hier

LEXIQUE

1. adhérer → adhésion → adhérent
   participer → participation → participant
   former → formation → formateur
   instruire → instruction → instructeur
   défendre → défense → défenseur
   organiser → organisation → organisateur
   occuper → occupation → occupant
   intervenir → intervention → intervenant

2. 1) adhérents
   2) défendre
   3) instructions
   4) occupation
   5) participants
   6) intervenir

3. 1) un manifestant

2) un commerçant
3) un gréviste
4) un intervenant
5) un syndicaliste
6) un négociateur

4. manifestations / réforme / pancartes / manifestants / concernés / solidarité / négociations / secteur

5. 1 d / 2 f / 3 c / 4 e / 5 b / 6 a

6. *Propositions* :
   1) La photo a été prise dans un pays africain. On y voit essentiellement des femmes, mais aussi un homme, qui assistent à des cours. Une ONG est sûrement chargée de l'alphabétisation de ces personnes vivant sans doute à la campagne mais on ne sait pas de laquelle il s'agit.
   2) Cette photo a été prise en bordure de mer. On y voit des gens vêtus de combinaisons spéciales, imperméables, qui participent au nettoyage d'une plage. Ils luttent contre la pollution et retirent de l'eau des nappes de mazout qu'ils transportent probablement dans des bacs. Il s'agit sans doute d'une association écologiste.

7. associations / bénévoles / objectif / encourager / assiste / synergie / organisent / prendre en charge / partenaires / recueillent / aident / dons / soutien / solidaires

COMPÉTENCES

1. 1) Fermeture de milliers de bureaux de poste en France
   2) Inquiétude des syndicats
   3) 14 000
   4) 6 000
   5) À partir de maintenant, jusqu'en 2007

2. Vrai : 1, 4, 6
   Faux : 2 (« seraient touchés » est au conditionnel, c'est une possibilité mais pas une affirmation.) ; 3 (Cette mesure concerne principalement les zones rurales.) ; 5 (Dans certains cas, ils seront pris en charge par les mairies ; dans d'autres, par les petits commerçants.)

3. 1) Ninon a 22 ans, elle est étudiante en sciences économiques.
   2) Elle a fondé l'association « Un autre regard » qui a pour but de sensibiliser la société à la réalité des pays du Sud.

4. Phrases 2, 4, 5, 6, 8, 10

5. 1) s'y prendre
   2) plein de
   3) poignant
   4) les bras croisés

6. Phrases qui s'appuient sur le raisonnement : 2, 3, 12 (ami(e)) / 1, 4, 13 (conseiller)
   Phrases qui s'appuient sur l'affectivité : 5, 7, 9, 11 (ami(e)) / 6, 8, 10, 14 (conseiller)

7. Réponses libres.

8. *Propositions* :
   - trotskiste : partisan de Trotski et de ses doctrines, en particulier de la théorie de la révolution permanente.
   - soviet : assemblée des délégués élus (ouvriers et soldats) au moment de la Révolution russe de 1917.

9. 1) Elle est grise, monotone, répétitive dans les horaires et les gestes, avec des salaires dérisoires, ce qui la rend très pesante.
   2) La grève représente le contraire : l'utopie, le temps libre, le changement, les copains, la fraternité.
   3) Le principal inconvénient est que les ouvriers ne sont pas payés pendant les grèves et que la gêne s'installe au foyer.
   4) La monotonie disparaît. Pour Fred, ça a été l'occasion de connaître vraiment ses collègues, et de partager avec eux des moments différents, en dehors de la routine et du travail.
   5) Les machines produisent du vacarme, les contremaîtres hurlent des ordres, les tapis roulants apportent des pièces à un rythme à suivre avec attention ; ils ne rencontrent pas les copains, ils ne se connaissent pas, il ne discutent pas, ils n'organisent pas eux-mêmes leurs horaires, ils ne participent pas à des meetings, ils ne s'expriment jamais ni ne se parlent.
   6) Ce sont les libertaires, mais ils ne sont pas très nombreux dans le monde de l'industrie. Ils restent pour faire réfléchir à des stratégies permettant d'améliorer leurs conditions de travail et de vie au sein de l'usine, une fois les grèves terminées.

10. 1) surveiller
    2) ignorer
    3) insignifiant
    4) surveiller
    5) expulser
    6) diriger
    7) ignorer
    8) endormir

11. Réponses libres.

LEÇON 4

GRAMMAIRE

1. 1 g / 2 c, d *ou* h / 3 f / 4 e / 5 a / 6 b / 7 c *ou* d / 8 d

2. 1 Év / 2 S / 3 S / 4 D / 5 P / 6 D / 7 P / 8 Ob

3. 1) Je pense que
   2) vous ne craignez pas
   3) Il est préférable que
   4) Je comprends qu'
   5) J'espère que
   6) Il est vrai que
   7) pour que

4. 1) Tu souhaites
   2) Je suis bien contente

3) J'aimerais beaucoup
4) C'est étonnant que
5) Il est évident que
6) Serait-il possible que
7) Il a peur que
8) Il espère que

5. *Propositions* :
   1) Elle exige que les heures supplémentaires dans les entreprises soient interdites.
   2) Il aimerait qu'il n'y ait plus d'inégalités sociales.
   3) Elle promet que la mairie créera des zones d'espaces verts et un centre de loisirs avant la fin de l'année.
   4) Il refuse que le gouvernement impose ses décrets sans consultation préalable.

6. 1) rentre ou sois rentré(e)
   2) aies raté
   3) change
   4) sorte / laisse
   5) ait trouvé
   6) admettent
   7) soient partis
   8) soit allé
   9) n'acceptions pas / n'ayons pas accepté
   10) fassiez

7. a. ne soient pas allés / soient / avaient considéré / ne se sont pas déplacés / mobilisions / votions / n'éprouvions
   b. soit passé / ait eu / gagnions / donne / sauront

LEXIQUE

1. Réponses libres.

2. Réponses libres, à condition de ne pas mélanger les catégories suivantes :
   • pingre – radin – avare – près-de-ses-sous – regardant
   • économe – prudent – prévoyant – raisonnable
   • généreux – désintéressé
   • dépensier – flambeur – gaspilleur – dilapidateur

3. *Propositions* :
   économe / dépense / économies / compte *ou* livret / Épargne / besoin *ou* problème / logement *ou* appartement *ou* duplex / habitudes / prête / rembourser / gaspille *ou* dilapide *ou* dépense / prêt *ou* crédit

4. 1) scrutin
   2) urne
   3) citoyen
   4) vote
   5) mandat
   6) commune
   7) tour
   8) candidature
   9) arrondissement
   10) élection

COMPÉTENCES

1. Réponses libres.

2. *Propositions* :
   1) Réponses libres.

2) Le mot « liberté » n'est prononcé qu'au dernier vers. Le titre « une seule pensée » permet de comprendre toute l'importance de ce mot unique que l'on espère découvrir au fil des strophes. Il s'agit de la liberté sur le territoire national occupé par les troupes hitlériennes.

3) Réponses libres.

4) « J'écris ton nom » et « sur » se répètent constamment. On peut expliquer cela par le fait qu'il est très difficile, voire impossible, d'effacer ce nom « liberté » qui est écrit si souvent et sur autant de supports.

3. **a.** Lieux : jungle, désert, chiffons d'azur (ciel), étang, lac, champs, moulins, mer, montagne, refuges, phares, murs, nuages, sentiers, routes, places, maisons, chambre
Temps : enfance, nuits, journées, saisons, aurore, mort
Objets et éléments : cahiers, pupitre, arbres, sable, neige, pages, pierre, sang, papier, cendre, nids, genêts, pain, oiseaux, bateaux, vitre, lèvres, silence, ennui, absence sans désir, solitude, orage, cloches, lampes, miroir, lit, chien, patte, porte, feu, objets familiers, chair, amis, mains tendues, santé revenue, risque disparu, espoir sans souvenirs
Couleurs : blanc, rouge, or, gris et noir, argent (la lune), couleurs variées et scintillantes, bleu

   b. *Propositions* :
Les noms reviennent très souvent. La grande variété de lieux et d'objets ou d'éléments incite à penser que le mot « liberté » est omniprésent dans le monde entier et dans l'environnement proche du poète. Les différentes époques évoquées suggèrent que la liberté n'est pas seulement une notion palpable dans l'espace, mais aussi dans le temps.

4. Réponses libres.

6. On concrétise l'abstrait : l'écho de mon enfance ; le pain blanc des journées ; bouffée d'aurore ; les murs de mon ennui ; l'absence sans désirs ; les marches de la mort ; les routes déployées ; mon lit coquille vide…
personnifie l'abstrait : les saisons fiancées ; la solitude nue ; les sueurs de l'orage ; les sentiers éveillés

7. A : 2, 3 (On présente des choses abstraites ou inanimées sous les traits d'une personne : mourir, main)
B : 1, 5 (On attribue des caractéristiques spécifiquement animales à des personnes ou objets inanimés… : hurlement, rugir)
C : 6, 8 (On applique des qualités humaines à des objets, notions abstraites… : démolir un sentiment, la pierre pour un cœur)
D : 4, 7 (On emploie des termes concrets dans un contexte abstrait : l'information → l'autoroute ;

communication → sentier)
8, 9, 10. Réponses libres.

UNITÉ 3
LEÇON 5

GRAMMAIRE
1. 1) pour
   2) grâce
   3) à
   4) avec
   5) sans
   6) pendant
   7) au bout de
   8) sur

2. 1) à qui D), en qui G), pour qui C)
   2) à qui A), à qui D), pour qui C), en qui G)
   3) dont E)
   4) pour qui C), à qui D), en qui G)
   5) duquel B)
   6) auxquels F)
   7) avec lequel H)
   8) auquel A)

3. 1) lequel : le passeport
   2) lesquels : les bateaux-mouches
   3) qui : un ami
   4) auquel : le foot
   5) lequel : le musée du Louvre
   6) laquelle : la loi du Talion
   7) desquels : les labyrinthes
   8) duquel : les vacances *ou* les congés

4. 1) Je ne retrouve plus le carton dans lequel j'ai rangé mon dictionnaire d'allemand.
   2) J'ai reçu un appel de mon éditeur à qui je dois rendre un manuscrit.
   3) C'était un texte très difficile auquel je n'ai rien compris.
   4) Patrick est mon bras droit sans qui l'entreprise ne tournerait pas.
   5) Ils ont vécu une situation très dure à laquelle ils n'étaient pas du tout préparés.
   6) Je te recommande ce psychologue grâce à l'aide de qui j'ai réussi à surmonter mon divorce.

5. 1) L'entreprise dans laquelle tu travailles a réalisé d'énormes bénéfices cette année.
   2) Le licenciement à propos duquel Marie a appelé son avocat lui semble abusif.
   3) Les cours d'anglais sur lesquels elle s'est renseignée ont l'air très bien.
   4) Le candidat pour lequel nous avons voté nous a franchement déçus.
   5) Les négociations au cœur desquelles il se trouve sont censées résoudre le problème.
   6) L'insécurité contre laquelle les habitants manifestent ne cesse d'augmenter.

6. 1) au fond du / entre
   2) dans
   3) d'
   4) au bord de
   5) sur
   6) dans
   7) chez / dans

8) jusqu'au
9) à l' / chez
10) sur l' / loin de

7. Dans / sur / au / à l' / face
sur / à proximité des / sur / dans le / sur / au cœur / où / à
attenant à / dans un / au milieu des / loin des / sur / y

LEXIQUE
1. affirmer, blaguer, contredire, discuter, entretien, francophonie, gueuler, hurler, ironiser, jargon, langage, mentir, néologisme, onomatopée, plaisanter, questionner, râler, synonyme, tutoyer, verlan

2. **a.** 1) aphone
   2) germanophone
   3) anglophone
   4) hispanophone
   5) dictaphone
   6) interphone
   b. 1) biographe
   2) autographe
   3) photographe
   4) stylographe
   5) paragraphe
   6) orthographe

3. 1 k / 2 d / 3 i / 4 g / 5 h / 6 c / 7 b / 8 e / 9 f / 10 a / 11 j

4. 1) B / e
   2) F / b
   3) D / h
   4) H / c
   5) G / a
   6) A / d
   7) C / g
   8) E / f

5. 1) Tout est réglé, mais n'oubliez pas que dans cette affaire, moi aussi, j'ai mon mot à dire !
   2) La négociation a été dure mais finalement, j'ai eu le dernier mot.
   3) Pouvez-vous lui en toucher un mot dès qu'il arrivera, s'il vous plaît ?
   4) Il a dû raccrocher si bien qu'on ne connaît toujours pas le fin mot de l'histoire.
   5) Chloé et Romain ne se parlent plus, je crois qu'ils ont eu des mots ensemble.
   6) Tu plaisantais peut-être mais il t'a pris au mot, alors maintenant, il faut assumer.
   7) N'essaie pas de traduire mot à mot, l'essentiel est de comprendre l'idée générale.
   8) Elle est un peu parano ; avec elle, il faut toujours bien peser ses mots.
   9) Vincent a un sacré caractère ! Quand il est en colère, il ne mâche pas ses mots.

6. 1) avait confié
   2) prétend
   3) ai répété
   4) avouer
   5) plaîrait
   6) ont expliqué
   7) ont conseillé
   8) d'annoncer

COMPÉTENCES

1. 1 c / 2 a / 3 b / 4 b / 5 c / 6 c
2. Elle compare la traduction à la musique et explique qu'un musicien peut jouer sans pour autant être parfait, mais qu'avec la technique, il s'améliore.
3. 1) avoir un esprit ouvert
   2) avoir un esprit curieux
   3) savoir se documenter
   4) rédiger parfaitement dans sa langue maternelle
   5) avoir de la rigueur
   6) avoir une autodiscipline professionnelle
4. 1) Prendre la parole : Puisque tu me demandes mon avis… / Je peux ajouter quelque chose ?
   2) Reprendre une idée de son interlocuteur : Comme tu disais… / Vous le disiez tout à l'heure…
   3) Illustrer au moyen d'exemples : Prenez le cas de… / Imaginons que… / C'est comme si…
   4) Indiquer la fin de son intervention : Mon exposé touche à sa fin. / Encore un mot et je conclus.
   5) Finir une intervention : C'est tout ce que je voulais dire… / Je n'ajouterai rien d'autre. / Un point c'est tout.
   6) Encourager son interlocuteur : En effet ! Je vois, oui. / Je vous écoute. / Je vous suis. / Finis de raconter ce que tu voulais dire.
5. *Propositions* :
   1) Continuez ! / Je comprends.
   2) Prenons l'exemple de… / Par exemple…
   3) Puis-je intervenir ?
   4) On en reste là pour aujourd'hui. / Voilà, c'est tout.
   5) Je n'irai pas plus loin.
   6) Ce que tu dis… / Votre exemple de tout à l'heure…
6. Réponses libres.
7. 1) Ces textes s'adressent à des personnes intéressées par le métier d'écrivain public. Le premier texte explique en quoi consiste cette profession, le deuxième propose une formation universitaire et le troisième vise des personnes qui exercent déjà ce métier mais qui souhaitent êtres reconnues ou adhérer à l'association.
   2) Dans le premier texte, on insiste sur le type de clientèle ayant recours aux services des écrivains publics et sur les capacités minimales qu'il faut pour exercer ce métier. Dans le deuxième texte, on précise les conditions d'accès au diplôme et on donne des informations pratiques (durée, professeurs, nombre d'heures…). Dans le troisième, on donne des détails précis et on insiste surtout sur le savoir faire de l'écrivain public.
   3) Tout le monde peut avoir recours aux écrivains publics, des particuliers ou des entreprises.
   4) Il est amené à écrire tout type de textes, notamment administratifs et judiciaires.
   5) Plusieurs voies sont possibles : soit après une formation universitaire comme celle offerte dans l'annonce, soit après avoir réussi les tests de l'association, ou encore sous présentation d'un dossier prouvant les capacités du postulant.
   6) L'idéal est d'ouvrir un local réservé à cet usage, d'avoir un apport financier au départ et d'être équipé en matériel informatique.
   7) Il faut connaître sa langue parfaitement, être familiarisé avec le monde administratif et judiciaire, posséder le sens de l'écoute et savoir analyser et synthétiser une demande. Il faut aussi avoir le sens des affaires.
8. Vrai : 4, 6 Faux : 1, 2, 3, 5
9. libéral / fidéliser / affaires / illettrés / paperasse
10. Réponses libres.

LEÇON 6

GRAMMAIRE

1. 1) pendant que
   2) Dès
   3) après
   4) avant qu'
   5) En attendant
   6) jusqu'à ce que
   7) depuis qu'
   8) en attendant que
2. 1 c / 2 d / 3 e / 4 b / 5 a
3. 1) serez partis
   2) pourra
   3) se sont mis
   4) (ne) reviennent
   5) avoir analysé
   6) accepte
   7) ont donné
   8) partir
4. 1 A / 2 P / 3 A / 4 A / 5 S / 6 S
5. *Propositions* :
   1) Les Américains, eux, n'ont pas la même conception que l'Union européenne sur la propriété intellectuelle.
   2) C'est beaucoup de déceptions qu'a suscitées cette idée, lorsque certains États ont ignoré les propositions des ONG.
   3) C'est la difficulté à recueillir des engagements fermes qui en a également amené certains à se montrer plus persuasifs….
   4) Bien évidemment, on doit s'opposer à la fabrication d'armes nucléaires.
   5) Afin de mieux en faire profiter la planète, il faut partager les résultats de la recherche médicale.
6. 1) malgré
   2) pourtant
   3) Au lieu de
   4) bien que
   5) en revanche
7. *Propositions* :
   1) Le film était un vrai navet mais nous nous sommes bien amusés.
   2) Bien qu'il n'aime pas beaucoup le théâtre, il est fou de comédies musicales.
   3) J'ai suivi toute la conférence avec intérêt, même si je n'y comprenais pas grand-chose.
   4) Nous n'avons pas pu assister au vernissage malgré l'envie que nous en avions.
   5) Cet écrivain a reçu le prix Nobel alors que c'est un écrivain mineur.
8. 1) ~~pendant que~~ → tandis que *ou* alors que
   2) ~~qu'il m'a~~ → qu'il m'ait expliqué…
   3) ~~est rentrée~~ → soit rentrée…
   4) ~~qui est~~ → qui suis…

LEXIQUE

1. 1c / 2d / 3a / 4e / 5f / 6g / 7h / 8b
2. 1) magnifiques
   2) éblouissant
   3) décevant
   4) invraisemblable
   5) original
   6) captivant
   7) raté
   8) ennuyeux
   9) superbe
3. *Propositions* :
   Cette version du *Déjeuner* de Monet est à la fois un hommage et un défi lancé à Édouard Manet.
   Ce tableau représente une scène où l'on voit au premier plan une enfant qui joue, assise par terre, et dans le fond à droite, deux dames qui se promènent dans le jardin.
   La scène a lieu dans une cour. On aperçoit une table au premier plan, non débarrassée, sur laquelle sont posés une théière, des tasses, une coupe à fruits, un verre et des serviettes.
   À côté de cette table se trouve une table roulante ou un plateau en hauteur avec des restes d'aliments. L'endroit est très fleuri et on imagine les couleurs pastel des fleurs. Ce doit être l'été puisqu'on voit des reflets du soleil sur le sol. D'ailleurs l'accent est davantage sur les effets de lumière que sur le sujet comme tel. En arrière plan, on ne voit réellement que le visage d'une seule dame, puisque l'autre est caché par une branche d'arbre. Et sur cet arbre est accroché un chapeau de femme, d'où pendent des rubans noirs.
   Il se dégage dans ce tableau une impression de calme et d'harmonie.
4. 1) représentation
   2) directeur
   3) séance
   4) balai

5) doublage
6) argile
5. 1) dessinateur
2) personnages
3) s'inspire
4) art
5) histoire
6) scénariste
7) gags
8) créer
9) talent
10) album
11) amateurs
6. 1) culturelle
2) affluence
3) événements
4) expositions
5) visiteurs
6) galeries d'art
7) lumineux
8) projections
9) réalisateurs
10) rêvaient d'
11) ateliers
12) atmosphère
13) public
14) enthousiaste
15) ont critiqué
7. 1 b / 2 a / 3 f / 4 c / 5 d / 6 e / 7 g
8. 1) rougissait
2) noircit
3) ont jauni
4) a pâli
5) s'est obscurci

COMPÉTENCES
1. 1 b / 2 c / 3 c / 4 c / 5 b / 6 a / 7 b
2. Phrases correctes : 1, 3, 4, 8, 10
3. 1 a / 2 b / 3 b / 4 c / 5 b / 6 a /
7 c / 8 a / 9 a / 10 b
4. 1) malingre
2) enveloppé
3) pote
4) un brin
5) bêta
6) avenante
7) mégère
8) mœurs
9) charme
10) endurci
5. Réponses libres.
6. 1) Éviter d'intervenir : Je n'ai pas pour
habitude de parler de ces choses-là. /
Bon, passons à autre chose ! / Je
vois où vous voulez en venir ! / Je
n'aborderai pas ce sujet. /
Finissons-en avec ça !
2) Éviter de donner une réponse
précise : Je ne sais pas trop. / Je
ne sais pas au juste. / Je ne peux
pas vous en dire plus. / Je préfère
ne pas épiloguer.
3) Éviter de donner son avis : C'est
une question embarrassante. / Je
préfère garder mon opinion pour
moi. / Je préfère ne rien dire. /
Mon opinion ne regarde que moi. /
Je ne me prononcerai pas là-dessus.
7. Réponses libres.

UNITÉ 4
LEÇON 7

GRAMMAIRE
1. 1) En raison des prévisions
orageuses… : cause
2) Sous prétexte de lutte contre le
terrorisme… : cause
3) … pour avoir laissé sa fille… : cause
4) … ayant contribué à… :
conséquence
5) … en vue de s'assurer… : but
2. 1) Puisque
2) de manière à
3) À force de
4) si bien que
5) à cause de
6) Puisque
7) sous prétexte
8) donc
9) en raison de
10) Faute d'
11) de telle manière que
12) de façon que
3. 1) Le métro était bondé si bien que je
n'ai pas pu m'asseoir.
2) Le taux de pollution est très élevé
par conséquent la circulation est
interdite jusqu'à nouvel ordre.
3) Il ne veut pas me rendre mon dico
sous prétexte qu'il en a besoin.
4) Comme il a oublié son portable à
la maison je n'arrive pas à le
joindre.
5) Le voleur avait mis une cagoule de
sorte que la police n'a pas pu
l'identifier.
6) À cause de sa timidité, Anne-Marie
n'aime pas parler en public.
4. Cause : 1, 4, 5 / But : 2, 3, 6
5. 1) afin de
2) causée par
3) faute d'
4) pour
5) à cause de / grâce à
6) en vue du

LEXIQUE
1. a. 1) concours, +2, stages
2) agrégé ou certifié, certifié ou
agrégé, mi-
3) poste, maître d'hôtel
4) BTS ou DUT, DUT ou BTS
déplacements, disponibilité
5) recrute, face à face, souhaitée
6) savoir-faire, frappe
7) cadre, connaissance, logement
8) garder, devoirs
b. Demandes d'emploi : 3, 4, 6
Offres d'emploi : 2, 5, 7
c. Réponses libres.
2. 1 f / 2 d / 3 a / 4 e / 5 b / 6 c
3. a. 1) inacceptable
2) incalculable
3) irrespirable
4) inévitable
5) inimaginable
6) incontournable
b. 1) inacceptable
2) incontournable

3) inimaginable
5) inévitable
6) incalculables
7) irrespirable
4. a) disponible
b) entreprenant
c) susceptible
d) persévérant
e) incorrigible
f) convaincant
g) arrangeant
k) incompatible
Propositions :
1) L'édition de l'année dernière n'est
plus disponible.
2) Il réussira sûrement car il est
sérieux et entreprenant.
3) Je reconnais que je suis assez
susceptible.
4) Essaie d'être plus persévérant dans
ton travail.
5) Petit, Samy était incorrigible.
6) Amandine leur a fait la morale, sur
un ton très convaincant.
7) Vous n'êtes pas très arrangeant, ça
fait 10 ans qu'on est voisins !
8) Ce que vous lui proposez est
incompatible avec ses principes.
5. 1) avocat
2) factrice
3) serrurier
4) menuisier

COMPÉTENCES
1. Document 1
1) 225 postes, dont une cinquantaine
non logés.
2) Expérience non obligatoire mais
volonté et motivation nécessaires.
3) Travail dur au début, mais bonne
ambiance, possibilité de rencontres
et côté folklorique.
4) 7€ 85 de l'heure pour un porteur
et 7€ 81 pour un coupeur, soit à
peu près 7€ 80 de l'heure.
5) 60 heures sur 8 jours.
6) ANPE d'Épernay au 03 26 51 01 33.
Document 2
1) Elles peuvent intéresser les
personnes qui cherchent un travail
à l'étranger.
2) Ce travail est proposé pour
l'automne.
3) Il pose des questions à Alban
Destouches, le responsable du
recrutement au Club Méditerranée.
4) Il cherche 200 personnes, avec ou
sans expérience, pour travailler
comme commis ou comme chef
de cuisine.
5) Il va dépendre du degré
d'expérience : le salaire minimum est
le SMIG, il peut atteindre 1700 €.
6) Il loge tout son personnel.
7) Il faut 300 employés d'entretien et
environ 50 réceptionnistes, de
préférence bilingues.
8) On propose des postes dans
l'animation, on recherche des
décorateurs, des costumiers, des

techniciens son et aussi tous les gens ayant un métier en rapport avec les enfants.

Document 3

1) La responsable de l'emploi au CROUS de Rouen, aux étudiants.
2) Il consiste à faire le Père Noël et pour cela, il faut être patient et avoir du savoir-faire avec les parents et les enfants.
3) Elle propose des postes de moniteurs sportifs, d'accompagnateurs et d'animateurs. Il est indispensable d'avoir le BAFA, le diplôme d'animateur.
4) En colonie, on peut toucher de 15 à 30 € par jour et en centre aéré, 40 €.
5) Travailler dans une station de ski, mais il faut savoir qu'on demande de l'expérience, que le rythme est dur et qu'en général on n'a pas le temps de profiter de la neige, ni de faire de ski pour son plaisir.
6) Il est obligé de lui payer le SMIG.

2. 1) Contrôler la compréhension : Vous me suivez ? / Ça va ? / Vous voyez ce que je veux dire ? / Ça se comprend ?
2) Proposer de répéter : Vous voulez que je répète ? / Je recommence ? / Je reprends ?
3) Simplifier : Ou bien, si vous voulez… / En d'autres mots… / Pour ainsi dire… / Autrement dit… / En disant ça, je voulais dire…

3. Réponses libres.

4. 1) Deux conditions sont nécessaires : la première, que les agissements soient répétitifs et la deuxième, qu'ils entraînent une dégradation des conditions de travail susceptibles de porter atteinte aux droits et à la dignité du salarié, d'altérer sa santé physique et /ou morale et de compromettre son avenir.
2) Dominique a été mis au placard par son chef. / Isabelle est harcelée moralement par son supérieur. / Muriel a démissionné à cause des critiques et avertissements de son patron. / Lisa est victime de brimades de la part d'un collègue.
3) Il faut apporter des notes de service faisant état des critiques infondées, des témoignages de témoins. On peut aussi présenter des certificats médicaux et des arrêts de travail mais ces derniers ne sont pas suffisants à eux seuls.
4) On peut obtenir la réintégration dans son entreprise, ou le paiement d'une indemnité de rupture pour licenciement sans cause réelle et sérieuse. Cette indemnité doit représenter au moins six mois de salaire si l'employé a deux ans d'ancienneté ou si l'entreprise compte au moins onze salariés.

5) Le recours au médecin du travail est utile car c'est à lui d'apprécier l'aptitude du salarié au poste qui lui est confié. Il peut proposer à la direction des mutations ou des transformations de poste quand la santé physique ou morale de l'employé est en jeu.

5. 1 d / 2 c / 3 f / 4 a / 5 e / 6 b

6. mettre au placard : isoler
être passible de : mériter
porter plainte : dénoncer
saisir : porter devant
en l'occurrence : dans ce cas
être rompu à : être habitué à
préjudice : dommage
alloué : attribué
brimade : humiliation
être tenu de : être obligé de

7. Réponses libres.

LEÇON 8

GRAMMAIRE

1. 1) plus, meilleur
2) plus de
3) les meilleures
4) le mieux, le plus de
5) plus de

2. 1) le meilleur, le plus
2) le mieux
3) la plus
4) le meilleur
5) les meilleures

3. 1) de plus en plus limitée
2) de plus en plus stricte
3) plus on en sait, moins on agit
4) de plus en plus de personnes
5) plus vous êtes fidèles, plus vous êtes gagnant
6) Plus je mange, moins je grossis.

4. 1) Nous aimerions louer un appartement ayant une jolie terrasse.
2) J'ai rencontré une fille ayant vécu plusieurs années au Sénégal.
3) Nous sommes partis la semaine ayant précédé les vacances de Pâques.
4) Les enquêteurs ont interrogé des personnes ayant connu la victime.
5) Cette entreprise recherche des jeunes ayant suivi un stage de formation à l'étranger.

5. 1) Les données de base étant floues, aucune des études réalisées sur le sujet n'est fiable.
2) Les enquêteurs n'ayant trouvé aucune piste, l'affaire a été définitivement classée.
3) Étant partie subitement, elle a oublié son portable sur le bureau.
4) Le film étant un vrai navet, nous sommes parties avant la fin.
5) Vos dépenses étant minimes, il vous sera possible d'économiser.

6. 1) Tu peux répéter en parlant un peu plus fort ? (manière)
2) En jouant au loto toutes les semaines, vous auriez plus de chances de gagner. (condition)
3) Mélina a réussi à convaincre le recruteur en répondant avec franchise. (manière ou cause)
4) Les Mailhac ont perdu beaucoup de temps en prenant leur voiture pour aller au théâtre. (cause)
5) J'ai beaucoup amélioré ma prononciation en allemand en séjournant souvent en Autriche. (manière)

7. ayant suivi / constituant / ayant choisi / ayant préféré

8. 1) Pour qu'il soit tendre, le jamboneau se cuit pendant une heure seulement.
2) Ce logiciel est excellent, il va se vendre très facilement !
3) impossible
4) Au Vietnam, l'anis étoilé s'utilise pour parfumer les viandes et les plats mijotés.

LEXIQUE

1. 1 d / 2 c / 3 a / 4 e / 5 b

2. 1) goûter, déguster
2) réveillonnons
3) dévore, grignoter

3. Ac2 / Bd3 / Ce4 / Da5 / Eb1

4. 1) savourer
2) avaler la pilule
3) mangeait des yeux
4) l'ai dévoré
5) n'a pas pas mâché ses mots
6) a mal digéré
7) avaler

5.

	A	B
1	E, G	
2		c, d
3	A, D, F, H, J	
4		a, e, h, i, j
5	C, I	
6		f, g, j
7	B	
8		b, g

6. 1) la bonne chère, plats
2) plats
3) déjeuner
4) goûté
5) dégusté
6) repas
7) fait cuire
8) plateau, aux

7. 1) une marinade
2) une roulade
3) une grillade
4) le nappage
5) l'épluchage
6) le démoulage
7) l'aiguisage
8) le découpage
1 d / 2 f / 3 e / 4 c / 5 a / 6 g / 7 b / 8 h

COMPÉTENCES

1. Vrai : 1, 5, 6, 7 / Faux : 2, 3, 4, 8

2. les différentes régions viticoles / bouquins / le rôle voilà de sommelier / de vinification depuis la petite

propriété / viticulteur / soigner / consommateur / prendre son plaisir / goûter

3. C'est du gâteau : b
poser un lapin : h
faire poireauter : a
être bavard comme une pie : e
jeter de l'huile sur le feu : i
en avoir gros sur la patate : k
ménager la chèvre et le chou : n
couper la poire en deux : g
mettre de l'eau dans son vin : o
en faire un fromage : j
se noyer dans un verre d'eau : q

4. Réponses libres.

5. 1) Cet article est paru dans le journal régional, *Sud-Ouest*, le lundi 18 août 2003.
   2) Il est divisé en trois parties (chapeau, titre et texte).
   3) Les guillemets servent à introduire les paroles de Patrick Hourquebie, le PDG du magasin ; les caractères gras servent à mettre en relief deux de ses caractéristiques : le nombre de livres et le créneau visé.
   4) L'article fait référence à de nombreux chiffres car il traite un sujet relatif au commerce.
   5) *Alice Média-Store* est le nom complet du magasin mais on utilise plutôt le nom abrégé ; cela permet la personnification de l'objet.

6. à l'intérieur comme à l'extérieur / cette fillette dessinée en noir et blanc / autour tout bouge / la toute fin des travaux est prévue pour mercredi / cet espace où se réalisent la plupart des achats / qui passe de 70 à 100 couverts / d'un cinquième environ / les collections pratiques et la jeunesse / elles non plus / sans appui extérieur

7. Extérieur : aluminium noir et enseigne rouge vif / La mascotte est conservée.
Intérieur :
– Nouveau style : Tout le magasin est rouge (les moquettes) et noir (les étagères et les plafonds).
– Distribution de l'espace : Le magasin était tout en longueur et il n'y avait pas d'espaces différenciés. Maintenant, il existe 3 zones : l'entrée, consacrée aux caisses, à l'accueil et à l'administration ; la deuxième est destinée aux produits culturels ; et la troisième est occupée par le restaurant, l'espace Internet et le café.
– Organisation des rayons : Avant, tous les produits « cohabitaient » ; maintenant, le magasin est compartimenté (musique, librairie, papeterie de luxe et Beaux-Arts).
– Produits en vente : Les articles en vente augmentent : 25 000 disques, 20 000 références en papeterie et 60 000 en librairie et l'entreprise cible mieux son public.
– Nouveaux services : Un café.

8. 1) poche

2) escabeau
3) créneau
4) présentoir
5) physionomie

9. 1) moderne
   2) exigu
   3) déçu
   4) médiocre

10. Réponses libres.

UNITÉ 5
LEÇON 9

GRAMMAIRE

1. 1) sans
   2) en disposant
   3) à condition que
   4) Au cas où
   5) à condition de
   6) si
   7) au cas où
   8) Avec

2. 1) On peut donner des produits à base de plantes aux enfants, à partir de 8 ans, à condition de diviser la dose par deux.
   2) Je pars demain en vacances, je vais m'acheter une carte routière qui pourra toujours servir en cas de besoin.
   3) En cas de démission, le salarié doit déposer un préavis et il a droit à des indemnités de congés payés.
   4) J'ai entendu dire que le blanc d'œuf et le fromage blanc à 0% favorisent le développement des muscles à condition d'en manger tous les jours, est-ce vrai ?
   5) Que faire en cas d'intoxication ? Appelez le centre antipoison de votre région et / ou le SAMU.
   6) Nous avons obtenu l'autorisation d'utiliser cette photo gratuitement, à condition de citer son auteur.

3. 1) va / ira
   2) aviez pris
   3) appelle *ou* appelez
   4) ne l'aurais pas invité
   5) te sentirais
   6) aviez terminé
   7) avais

4. *Propositions* :
   1) Si j'avais fait attention, je n'aurais pas glissé et à présent je ne serais pas à l'hôpital.
   2) Si j'avais regardé la météo, j'aurais pris mon imper ou mon parapluie et maintenant je ne serais pas malade.
   3) Si je n'avais pas déménagé à Paris pour chercher du travail, je vivrais près de ma famille et à la campagne.

5. 1) En Chine, si le poisson n'est pas vivant, il est considéré comme n'étant pas frais.
   2) S'il suffisait d'échanger des informations pour se comprendre, ça se saurait.
   3) Mon employeur me demandait de plus en plus de services. Si je

refusais, il me menaçait de ne plus me rappeler.
   4) Si vous n'avez pas de nom d'utilisateur vous pouvez vous adresser dès maintenant au responsable de votre secteur.
   5) Si tu ne finis pas ton assiette, tu seras privé de dessert !!!
   6) Certains disent que si la voyance existait, elle contribuerait à l'évolution des sciences, en révélant leur avenir.

6. 1) Le retraité peut, comme tous les citoyens européens, résider dans le pays de son choix, à condition de ne pas être à la charge de ce nouveau pays.
   2) Si tu veux arriver à l'heure, tu devrais prendre le métro au cas où il y aurait des embouteillages.
   3) Dans deux mois, 1 800 employés de Fiat Auto seront mis au chômage technique à moins que d'ici là, la direction du constructeur italien et les syndicats ne parviennent à un accord.
   4) Ne mentez pas sur votre date de naissance, sinon vous ne recevrez pas de cadeau le jour de votre anniversaire.
   5) En cas d'absence du concierge, vous pouvez laisser le colis chez madame Neuilly.

LEXIQUE

1. savants *ou* chercheurs / démonstration évaluer / étudiant / chercheurs *ou* savants / données / atmosphère / constaté / niveau analysant / cycles / conclusion / astre se / prolonger

2. 1 c / 2 f / 3 e / 4 h / 5 a / 6 g / 7 b / 8 d

3. créer / recherches / laboratoire / propriétés / inventeurs / greffer / méthodes / réalisation / capacités / risque / soutien / spécialisés ou spécifiques

4. informatique / graveur / à haut débit / clic / copie / ordinateur / amplifi / lecteur / piratage

5. a 7 / b 3 / c 8 / d 12 / e 1 / f 9 / g 6 / h 5 / i 11 / j 2 / k 10 / l 4
Propositions :
a. (a) ped(o)- : pédagogie, pédiatre
(b) ophtalm(o)- : ophtalmie, ophtalmologie
(c) gyn- : gynécologie, gynécée
(d) xéno- : xénophobe, xénophile
(e) dém(o)- : démocratie, démographie
(f) path(o)- : pathologique, pathologie
(g) anthrop(o)- : anthropologue, anthropophage
(h) chron(o)- : chronomètre, chronique
(i) bi(o)- : biologie, biographie
(j) encéphal(o)- : encéphalogramme, encéphale
(k) dactyl(o)- : dactylographe, dactyle
(l) biblio- : bibliothèque, bibliophile

b. hémi- : la moitié
hyper- : au dessus de la normale
hypo- : au-dessous de la normale
micro- : petit
macro- : grand
poly- : plusieurs

1) hypermarché
2) macrobiotique
3) hémisphère
4) microfilms
5) hypothermie
6) polyvalentes

6. 1) minéral (Les autres adjectifs font référence au monde de l'espace.)
2) ressentir (Ce verbe ne s'utilise pas dans le domaine scientifique.)
3) érudit (Cet adjectif fait référence à un savoir, pas à une qualité.)
4) transfusion (Ce n'est pas un élément de l'organisme.)

7. 1) Avant-hier, c'était le 30 décembre, veille de mon anniversaire et je n'avais pas encore 19 ans.
Je suis né le 31 décembre et je fais la déclaration le 1 janvier.
2) Il faut ajouter D devant + IX = 10.
3) Même s'il y a deux mères et deux filles, il y a trois générations, l'une des femmes est à la fois la fille de l'une et la mère de l'autre.

COMPÉTENCES

1. 1 a / 2 c / 3 c / 4 b / 5 a / 6 a / 7 b
2. 1) ce que l'on peut gagner ou perdre dans une entreprise
2) mettre en rapport les hommes
3) hostilités, ressentiments
4) dompter, discipliner
5) les limites fixées
6) Ça ne dérange pas.
7) par rapport aux
3. 1 i / 2 d / 3 e / 4 f / 5 a / 6 g / 7 b / 8 h / 9 c
4. Réponses libres.
5. 1) Hélène Durand est la directrice générale de l'entreprise *Soluphone* ; Jacques Sas est le principal du collège Frédéric Mistral, un collège du Lavandou (Var), déjà équipé, enfin Gérard Espié est le principal adjoint du collège Joliot-Curie de Carqueiranne (Var), un autre centre déjà équipé.
2) *EduSMS* est le nom du logiciel et *Soluphone* est le nom de la société qui l'a inventé.
6. narre / explique / souligne / rassure / se félicite / reprend / poursuit
7. Vrai : 1, 4, 6, 8 / Faux : 2, 3, 5, 7
8. 1) piquer
2) profs
3) super
4) marrant
5) moche
6) baratiner
7) idem
9. 1 b / 2 a / 3 a / 4 b / 5 a
10. Réponses libres.

LEÇON 10

GRAMMAIRE

1. *Discours direct*
- Votre théâtre...
- Dites mon bordel.
- Elle ! s'écria le directeur en haussant le épaules, une vraie seringue !
Le jeune homme se hâta d'ajouter :
- Du reste, excellente comédienne.
- Elle ! ... Un paquet ! Elle ne sait où mettre les pieds et les mains.
- Pour rien au monde je n'aurais manqué la première de ce soir. Je savais que votre théâtre...
- Dites mon bordel, interrompit de nouveau Bordenave. [...]
- Fais donc plaisir à Bordenave, appelle son théâtre comme il te le demande, puisque ça l'amuse... Et vous mon cher ne nous faites pas poser. Si votre Nana ne chante ni ne joue, vous aurez un four, voilà tout. C'est ce que je crains d'ailleurs.
- Un four ! un four ! cria le directeur dont la face s'empourrait. Est-ce qu'une femme a besoin de savoir jouer et chanter ? Ah ! mon petit, tu es trop bête... Nana a autre chose parbleu ! et quelque chose qui remplace tout. Je l'ai flairée, c'est joliment fort chez elle, ou je n'ai plus que le nez d'un imbécile... Tu verras, tu verras, elle n'a qu'à paraître, toute la salle tirera la langue.
- Oui, elle ira loin, ah ! sacrédié ! oui, elle ira loin... Une peau, oh ! une peau !
Discours indirect
- On m'a dit, recommença-t-il, voulant absolument trouver quelque chose, que Nana avait une voix délicieuse.
Discours indirect libre
Il présenta son cousin.
Fauchery eut un rire approbatif, [...] la Faloise restait avec son compliment étranglé dans la gorge.
Il vint au secours de son cousin.

2. 1 a, b / 2 a, c / 3 c / 4 b / 5 a, b / 6 a / 7 a, b / 8 b

3. *Propositions :*
- Claire a dit que ce qu'elle aimait, c'était qu'à Paris tout était possible. (On ne peut pas rapporter « tu vois »)
- Maryse a expliqué qu'elle choisissait toujours en fonction des grèves même si c'était à trois quarts d'heure. (On ne rapporte pas « c'est-à-dire ».)
- Claire a dit qu'il fallait que le cosmopolite vive, qu'il s'intègre ; que si on rentrait dans un bar d'habitués, on allait avoir l'impression que les gens nous regardent un peu. (On ne peut pas rapporter : « quoi » ni « tiens, une nouvelle tête ! »)
- Frédéric a dit qu'il pensait à peu près la même chose et qu'il appréciait aussi la diversité des quartiers. (On ne peut pas rapporter « hein »)

4. 1) Je n'ai pas du tout aimé la façon dont il lui a répondu.

2) Nous sommes ravis que ce soit chez toi que nous fêterons l'anniversaire d'Annie.
3) Étant passionné par la mer, je voudrais connaître les études à suivre pour devenir océanologue.
4) J'ai acheté un rôti au cas où il déciderait de venir à la dernière minute.

LEXIQUE

1. A) transformer / rénover / immeubles / espaces / square / quartier / zone piétonne / accès / chantier
B) banlieue / pavillons / aménagés / commune / grands ensembles / réappropriation / environnemental / cités
2. 1) à l'immigration
2) au vieillissement de la population
3) au métissage
4) à l'accroissement démographique
3. périphérique / arrondissements / RER / île / Seine
3. **a.** - *Lieux et choses*
1) station-service
2) après-vente
3) sous-location
4) porte-monnaie
Personnes
1) maître-chien
2) sans-gêne
3) nouveau-né
4) non-violent
5) sapeur-pompier
b. *Propositions :*
1) Un ensemble d'immeubles en dehors de la ville, servant juste la nuit, pour dormir.
2) Une porte vitrée, comme une fenêtre, qui donne accès à un balcon ou à une terrasse.
3) Une personne qui est aveugle.
4) Une personne qui a l'habitude de se faire inviter à manger et qui ne renvoie jamais l'invitation.
5) Une personne en situation illégale dans un pays, faute de carte de séjour.
6) Une personne qui exerce un chantage sur quelqu'un.
4. 1) l'eau
2) le vin
3) le lait
4) la tomate
5) le pétrole
6) le coton

COMPÉTENCES

1. 1) Il caractérise la ville avec les mots suivants : immense, solitude, silence, bruit, multitude, territoire des possibles.
2) Ils ont peu de contacts, les rapports sont anonymes, les gens se croisent, les corps se frôlent, se cherchent, s'évitent, les regards hésitent... Il parle d'un café à propos d'une possibilité de

rencontre, avec un poème sur un carton de bière qui sert de lien.

3) Les habitants peuvent avoir une sensation de solitude, mais aussi de manque d'intégration dans la ville, de vie sans espérance.

4) Il évoque les bruits, les immeubles, les transports, la foule cosmopolite, le mélange de races.

5) Selon le narrateur, la ville est le territoire des possibles mais malgré cette impression qu'il peut se produire des changements, rien ne se passe.

6) Il fait allusion à l'envie d'un homme de suivre une inconnue pour en savoir plus et partager un moment.

7) Il donne de la ville une vision assez négative, il la décrit comme un monde sans perspectives ; un monde d'autant plus frustrant que tout le semble possible mais rien ne se passe.

2. Phrases 2, 4, 5, 8
3. chanson / mon amour / je te le donne / Nos cœurs / les quais / de la Seine / assassins / filles / mauvais garçons / clochards / d'être poète / un air d'accordéon

4. 1) L'auteur personnifie la ville, il la considère comme une femme qu'il aime, à qui il veut tout donner.

2) Son goût de la poésie est né de la musique, de l'accordéon et des gens qu'il a rencontrés.

5. 1 c / 2 c / 3 b / 4 a / 5 a / 6 c / 7 a / 8 a / 9 b
   Registre standard : 3, 4, 5, 6, 7, 9
   Registres familier : 1, 2, 8

6. Réponses libres.

7. Ces textes portent sur la colocation, c'est-à-dire sur le fait de partager un logement à plusieurs, afin de payer le loyer moins cher. Les articles offrent une définition du statut de colocataire, et nous présentent quelques expériences de colocation.

8. 1) Textes 1, 2
   2) Texte 3
   3) Textes 1, 2
   4) Texte 3

9. Vrai : 1, 5, 6, 7, 10 / Faux : 2, 3, 4, 8, 9

10. La colocation permet d'avoir accès à un appartement plus grand et moins cher. Par contre, en ce qui concerne les inconvénients, on rencontre des difficultés au moment de trouver l'appartement idéal par rapport à ses besoins, de trouver un propriétaire disposé à accepter la colocation. D'autre part, on peut être amené à payer le loyer d'un colocataire qui s'en va.

11. Cela signifie que les locataires doivent partager à parts égales les obligations qu'ils ont envers le propriétaire.

12. 1) budget
    2) bail
    3) bailleur
    4) résiliation
    5) déménager

13. Réponses libres.

UNITÉ 1
LEÇON 1

Page 8

1. **Écoutez la chanson *La cassette vidéo*, puis dites si les affirmations suivantes sont vraies ou fausses.**

Gonflée comme une baleine,
Échouée dans mon salon
Rentrée dans mes bas d'laine
Jusqu'au double menton
J'étais dans un dilemme
Est-ce que j'le fais ou non ?
Et ça faisait des semaines
Qu'j'me posais la question

Quand on passe la trentaine,
Faut qu'on passe à l'action
Mais comme on s'trouve vilaine
On reste à la maison
J'rentrais plus dans mon linge
L'ultime solution
C'était de faire le singe
D'vant ma télévision

J'ai acheté la cassette,
Le fameux vidéo
Avec trois filles parfaites
Qui suivent le même tempo
J'suis allée en cachette,
J'suis revenue en auto
Toute équipée d'serviettes
Et de grandes bouteilles d'eau

J'm'imaginais déjà
En patins à roulettes
Le p'tit top en lycra
Moulée sur ma silhouette
Légère comme une ballerine,
Droite comme une majorette
Avec mes shorts en jean
Mes pads et mes deux couettes

Mais au bout d'un quart d'heure
À suivre leur exemple
Étendue dans ma sueur
Et tordue par les crampes
Il m'a fallu admettre
Qu'elles avaient du mérite
Les trois jolies minettes
Et leurs fesses en granit

Mais n'abandonnant rien
J'ai repris de plus belle
Le redondant refrain
De leur chanson cruelle
« Allez, 1, 2, 3, 4,
Allez, un peu plus haut ! »
Les joues comme des tomates
Les seins comme du jello
J'm'imaginais déjà
Le nombril dans les pages
Des calendriers qu'y a
Sur les murs des garages
Musclée comme une athlète
Mouillée comme une sirène
Avec des p'tites gouttelettes
Sur ma jolie bedaine

Après, c'est sur le dos
Qu'y fallait que j'm'étende
Moi qui rêvais d'repos,

J'étais plutôt contente
Jusqu'à c'qu'elles disent les mots
Que j'voulais pas entendre
« Pour les abdominaux, faut…
Soulever les jambes. »

J'vibrais comme une auto
Dûe pour un alignement
Quand soudain, mes rideaux
M'ont semblés transparents
J'tais sûre que mes voisins
M'observaient en riant
Sacrer comme un païen,
Baver comme un volcan

J'm'imaginais déjà
Couchée sur une civière
La tête en-d'ssous du drap
Les ch'veux dans la glissière
Un p'tit mot dans l'journal
Disant qu'on m'a trouvée
En position fœtale
Au pied de ma télé

Bien sûr, très rapidement
Pendant qu'ces demoiselles
Continuaient en souriant
De jouer à la sauterelle
J'râlais sur mon divan
Avec un Seven up
Et j'crois qu'c'est en rotant
Que j'ai pesé sur stop

Et ma précieuse cassette
Repose depuis ce jour
À plat sur une tablette
Avec des 33-tours
Quand j'commence à m'sentir
Serrée dans mes vêtements
Regardez-moi courir
En acheter des plus grands !

La cassette vidéo
Paroles et Musique de Lynda LEMAY
© Éditions RAOUL BRETON ET HALLYNDA
Pour le monde à l'exception du CANADA

LEÇON 2

Page 16

1. **Écoutez ce document et répondez aux questions suivantes.**
   - *Hélène* : Et à 15 ans, qu'est-ce que tu faisais ?
   - *Anne-Marie* : Ah, j'adorais danser et comme il n'y avait pas grand-chose à faire, eh bien, j'allais beaucoup au bal. C'est comme ça que j'ai connu mon futur mari, qui revenait d'Indochine pour trois mois de congé. On s'est fiancés de suite, à la fin de son séjour, c'était en 31. Pendant deux ans, on a correspondu, et quand il a eu une situation bien assise à Saigon, je suis allée le rejoindre… Je suis partie le rejoindre toute seule en bateau, j'étais sous la protection d'un couple marié, des amis à lui. On m'avait adoptée, j'étais la petite fiancée du bateau, tu te rends compte ? J'avais 19 ans juste ! Et alors, ma vie a basculé… une vie

de rêve après mon petit coin de France.
   - *Hélène* : Tu t'es mariée quand ?
   - *Anne-Marie* : Le lendemain de mon arrivée là-bas… Je m'étais fait faire ma robe de mariée, une robe blanche et des toilettes de soirée aussi pour faire bon effet, étant donné que mon mari avait beaucoup de relations là-bas…
   - *Hélène* : Comment est-ce que tes parents avaient accepté de te laisser partir si loin et si jeune pour te marier ?
   - *Anne-Marie* : Eh bien, parce qu'ils ont vu quand même que j'étais avec un garçon sérieux. Il aurait pu m'oublier au bout de ces deux ans… il ne l'avait pas fait… il avait expliqué ses intentions à mes parents avant de partir… il n'avait pas la possibilité de revenir me chercher et de se marier en France, alors il me ferait venir… Évidemment tu parles… ma mère au début disait non, que ce n'était pas raisonnable de laisser partir une jeune fille si loin, mais au bout de 2 ans, finalement, ils ont compris que c'était sérieux… Évidemment, ils ont eu du chagrin de me voir partir, mais moi, j'étais plutôt contente… c'est comme ça que je suis partie… Là-bas, j'ai connu une vie extraordinaire, le pays était calme à cette époque. J'ai beaucoup voyagé pour accompagner ton oncle, il était à ce moment-là directeur de l'agence d'une compagnie américaine de pétrole. J'ai visité le Cambodge, la Cochinchine ; j'ai vécu à Saigon, à Hanoï, à Haiphong… On jouait beaucoup au bridge, on menait la belle vie… Tes quatre cousins sont nés un peu partout pendant les voyages, ils avaient des nounous…
   - *Hélène* : Jusqu'à quand ça a duré, exactement ?
   - *Anne-Marie* : On est rentrés en 46 en France, les enfants et moi… mais Charles est resté à Saigon. L'agence de pétrole s'était retirée au début de la guerre d'Indochine mais il avait monté, avec un associé, une entreprise d'import-export jusqu'à… Il a eu la chance de pouvoir vendre l'affaire juste avant Diên Biên Phu… en mai 64… Eh oui… 18 ans de séparation… je repartais le voir quatre mois tous les ans… je laissais les enfants avec une domestique et ta mère, qui surveillait un peu tout…
   - *Hélène* : Et vous avez gardé de bons souvenirs de là-bas ? Vous auriez aimé y rester, sans la guerre ?
   - *Anne-Marie* : Ton oncle, oui, tu t'imagines, il était parti là-bas à 15 ans… tout seul… alors c'était son pays… mais moi non, j'étais contente de rentrer… mes parents

étaient âgés et puis, non, j'en ai bien profité mais je n'ai jamais regretté de rentrer.

- *Hélène* : Donc, tu es assez contente de la vie que tu as menée, n'est-ce pas ?
- *Anne-Marie* : Oh, je pense bien ! On parle beaucoup du fabuleux destin d'Amélie Poulain, mais moi je sais que j'ai eu un fabuleux destin, parce qu'enfin… tout ce que j'ai pu voir, faire et ne rien faire !!! Ces voyages sur ces grands paquebots, en première classe, ces bals où on dansait tous les soirs, en robe de soirée… Tu te rends compte ?
- *Hélène* : Oui… c'est sûr, ça semble merveilleux…

UNITÉ 2
LEÇON 3

Page 24

1. **Des nouvelles de la Poste. Écoutez l'information et notez…**
Inquiétude des syndicats suite à l'annonce de la fermeture de milliers de bureaux de poste, partout en France, d'ici à 2007. Environ 6 000 de ces bureaux seraient touchés, selon eux, sur un total de 14 000.
Alors cette mesure affectera principalement les zones rurales où il est prévu de remplacer les guichets par de simples points poste qui pourront être gérés, soit par la mairie, soit par de petits commerçants comme les buralistes.
Les syndicats haussent le ton face à la restriction de certains services proposés aux usagers. Par exemple, les retraits d'argent seront désormais limités et les services financiers seront réduits.
En parallèle, FO et Sud PTT s'inquiètent du nombre de suppressions d'emplois à la Poste. Certes pas de licenciements en vue pour l'instant, mais de nombreux départs à la retraite non compensés.

3. **Écoutez l'interview et notez…**
- *La journaliste* : Et tout de suite, notre rendez-vous du jeudi avec les étudiants qui s'engagent. Aujourd'hui nous accueillons Ninon, 22 ans, étudiante en sciences économiques qui est fondatrice de l'association « Un autre regard », une association dont le but est de sensibiliser la société à la situation actuelle des pays du Sud.
Bonjour Ninon, alors expliquez-nous un peu comment vous vous y prenez, concrètement.
- *Ninon* : Bonjour, eh bien, en fait, on essaie de susciter l'intérêt du public à travers des expositions de photos et des conférences. L'idée, c'est de donner envie aux gens qui viennent

aux expos d'assister également aux conférences et de s'informer davantage sur ces pays.
- *La journaliste* : Et ça marche ?
- *Ninon* : Oui, on est assez satisfaits des résultats, ça commence à prendre tournure.
- *La journaliste* : Ninon, comment vous est venue cette idée ?
- *Ninon* : Je crois que c'est parce que depuis toute petite, j'ai beaucoup voyagé avec ma mère. Je suis allée un peu partout, aux quatre coins du monde. Et puis un jour, j'ai eu mon propre appareil photo, alors je me suis mise à photographier tout ce que je voyais. Alors forcément, à partir de là, devant toutes ces photos qui en disaient long, ça a provoqué en moi beaucoup d'incompréhension. Ça vient de là je crois.
- *La journaliste* : Vous venez de passer un mois aux Philippines, est-ce que quelque chose vous a spécialement marquée ? Je ne sais pas, un moment, une situation, une image frappante ?
- *Ninon* : Oui. À Manille, je suis allée dans une institution qui, au départ, était censée recueillir les enfants des rues, mais peu à peu le projet a dérivé et maintenant, c'est devenu une maison désaffectée, un squat en quelque sorte, où s'entassent des tas de gens -des enfants mais aussi des adultes, des mères de famille, des personnes âgées- alors je vous assure que c'est poignant. En plus, j'y suis allée un jour où il pleuvait… La cour était inondée et comme elle servait aussi de décharge à ordures, j'ai ressenti un profond malaise. Dans la maison, les enfants étaient dans des pièces minuscules avec des barreaux tout autour. Je me suis retrouvée là-dedans, sans pouvoir prendre de photos, puisque c'était interdit… Évidemment, c'était un peu délicat ! Alors, je ne savais pas trop quoi faire, j'avais un gamin dans les bras et ça a vraiment été un moment très bizarre.
- *La journaliste* : Je suppose que ce sont des moments comme ceux-là qui renforcent la conviction qu'il faut agir, qu'on ne peut pas rester les bras croisés ?
- *Ninon* : Oui, c'est tout fait ça. En tout cas, moi, quand je me remémore cette expérience vécue là-bas, le rire des enfants et leurs yeux pétillants de vie, dans cet environnement atroce, ça me donne de la force pour continuer.
- *La journaliste* : Eh bien, Ninon, je vous remercie et vous souhaite bon courage pour la suite. Je rappelle à nos auditeurs que votre association s'appelle « Un autre regard » et qu'on peut consulter sa page Web

en allant sur le site : www.assoc.com/infofac.

LEÇON 4

Page 32

2. **Écoutez ce poème écrit en 1942, en pleine Seconde Guerre mondiale, et répondez aux questions.**

Sur mes cahiers d'écolier
Sur mon pupitre et les arbres
Sur le sable sur la neige
J'écris ton nom

Sur toutes les pages lues
Sur toutes les pages blanches
Pierre sang papier ou cendre
J'écris ton nom

Sur les images dorées
Sur les armes des guerriers
Sur la couronne des rois
J'écris ton nom

Sur la jungle et le désert
Sur les nids et les genêts
Sur l'écho de mon enfance
J'écris ton nom

Sur les merveilles des nuits
Sur le pain blanc des journées
Sur les saisons fiancées
J'écris ton nom

Sur tous mes chiffons d'azur
Sur l'étang soleil moisi
Sur le lac lune vivante
J'écris ton nom

Sur les champs sur l'horizon
Sur les ailes des oiseaux
Et sur le moulin des ombres
J'écris ton nom

Sur chaque bouffée d'aurore
Sur la mer sur les bateaux
Sur la montagne démente
J'écris ton nom

Sur la vitre des surprises
Sur les lèvres attentives
Bien au-delà du silence
J'écris ton nom

Sur mes refuges détruits
Sur mes phares écroulés
Sur les murs de mon ennui
J'écris ton nom

Sur l'absence sans désirs
Sur la solitude nue
Sur les marches de la mort
J'écris ton nom

Sur la mousse des nuages
Sur les sueurs de l'orage
Sur la pluie épaisse et fade
J'écris ton nom

Sur les formes scintillantes
Sur les cloches des couleurs
Sur la vérité physique
J'écris ton nom

Sur les sentiers éveillés
Sur les routes déployées
Sur les places qui débordent
J'écris ton nom

Sur la lampe qui s'allume
Sur la lampe qui s'éteint
Sur mes maisons réunies
J'écris ton nom

Sur le fruit coupé en deux
Du miroir et de ma chambre
Sur mon lit coquille vide
J'écris ton nom

Sur mon chien gourmand et tendre
Sur ses oreilles dressées
Sur sa patte maladroite
J'écris ton nom

Sur le tremplin de ma porte
Sur les objets familiers
Sur le flot du feu béni
J'écris ton nom

Sur toute chair accordée
Sur le front de mes amis
Sur chaque main qui se tend
J'écris ton nom

Sur la santé revenue
Sur le risque disparu
Sur l'espoir sans souvenirs
J'écris ton nom

Et par le pouvoir d'un mot
Je recommence ma vie
Je suis né pour te connaître
Pour te nommer
Liberté

UNITÉ 3
LEÇON 5

Page 40

1. Interview d'une traductrice. Écoutez l'interview et cochez les options correctes.

- *La journaliste* : Vous pouvez nous expliquer comment vous êtes arrivée au monde de la traduction ?
- *La traductrice* : Oui, j'y suis arrivée un petit peu par hasard. Après avoir passé le baccalauréat, j'ai commencé à faire des études de langues, à l'université, j'ai étudié l'anglais mais j'étais un petit peu déçue parce que je trouvais qu'on apprenait beaucoup de choses sur la langue mais pas vraiment à parler la langue et à écrire. Donc je suis partie en Angleterre, j'y ai passé deux ans environ, j'ai appris l'anglais et ensuite je suis rentrée en France. À ce moment-là, j'ai cherché du travail et j'ai travaillé pour une société anglaise, euh… où je faisais des traductions et j'avais aussi parfois à travailler comme interprète, quand il y avait des visites ou des réunions.
- *La journaliste* : Donc ça, ça a été votre premier travail. Mais est-ce que vous pouvez nous parler un peu de votre parcours professionnel ?
- *La traductrice* : Oui, donc pendant environ six ou sept ans, j'ai travaillé comme traductrice et parfois comme interprète, puis j'ai voulu, disons, apprendre la traduction. Donc, à ce moment-là, je me suis inscrite dans une… une école de traduction et j'ai disons reçu une formation théorique, après avoir pratiqué la traduction pendant plusieurs années.
- *La journaliste* : Ah ben, c'est très bien parce que justement, je voulais vous poser une question sur… Est-ce que vous pensez que la traduction exige une formation spécifique ?
- *La traductrice* : Oui, je pense. Hein, je pense… je pense qu'on peut traduire sans avoir été formé comme traducteur, mais je pense que si on reçoit une formation spécifique, euh… on traduit beaucoup mieux et beaucoup plus vite.
- *La journaliste* : Et qu'est-ce que vous pensez, sincèrement, des programmes de traduction automatique ?
- *La traductrice* : Je pense que… ils ne pourront pas remplacer le traducteur, du moins à court terme. Ensuite il faut faire une différence entre la traduction automatique et disons la traduction assistée par ordinateur. La traduction automatique… la traduction automatique disons intègre des… disons des… des unités qui font une analyse sémantique et syntaxique, jusqu'à un certain point et, dans ce sens ils sont assez intéressants. Les programmes disons de traduction assistée par ordinateur ont en mémoire une série de segments, euh… disons une mémoire de traduction, on a des segments dans une langue qui sont… qui correspondent à des segments dans une autre langue et évidemment ce qu'ils font, c'est une comparaison pratiquement lettre par lettre, donc il n'y a pas d'analyse sémantique et c'est assez peu intéressant.
- *La journaliste* : D'accord. Et est-ce que vous considérez que la traduction, c'est un art ou c'est une technique ?
- *La traductrice* : Je pense que c'est les deux, hein, c'est un petit peu… c'est… c'est… il faut avoir des aptitudes je pense, mais bon évidemment, il faut aussi travailler ces aptitudes. C'est un petit peu comme… comme la musique si vous voulez. C'est-à-dire que vous avez des gens qui peuvent écouter une mélodie et prendre une guitare et plus ou moins jouer cette mélodie, mais ils ne deviendront de bons guitaristes que s'ils apprennent vraiment la technique pour jouer de la guitare et le traducteur, c'est un petit peu pareil, c'est-à-dire que, intuitivement, il se peut qu'il puisse traduire certains documents mais vraiment, s'il connaît la technique, il fera certainement un travail bien meilleur.
- *La journaliste* : Vous nous avez dit au départ que vous étiez professeur de traduction dans une université. Quels sont les principes de base que vous enseignez à vos étudiants ?
- *La traductrice* : Parmi les principes de base, je dirais qu'il faut avoir tout d'abord un esprit ouvert, hein… c'est-à-dire ne pas avoir de préjugés, aborder le texte disons sans préjugés et aussi un esprit curieux. Il est aussi important de savoir se documenter, c'est-à-dire que le travail de documentation est assez important en traduction. Il faut aussi avoir disons… savoir rédiger hein… dans la langue maternelle ; il faut connaître non seulement la langue étrangère mais aussi la langue maternelle, très bien, et avoir disons une bonne rédaction. Et ensuite, il faut aussi avoir une certaine autodiscipline professionnelle, mais qui n'est pas spécifique à la traduction, comme savoir respecter des délais, etc.

LEÇON 6

Page 48

1. Écoutez cette conversation entre 3 personnes et choisissez l'option correcte.

- *Claire* : Bon, alors, je r'prends mon histoire de Gratisbourg.
- *Maryse* : Raconte ça à Frédéric, hein, ça vaut la peine, Frédéric !
- *Frédéric* : Oui.
- *Claire* : Bon, alors Gratisbourg, faut que j' t'explique : c'était dans le 14e arrondissement ; c'est un… quelques rues hein, du 14e arrondissement, qu'on a appelées comme ça parce qu'on avait un peu instauré un truc avec des copains, hein, à l'époque ; on avait instauré un truc, euh, un système où… pas de circulation d'fric, que les gens pouvaient se rendre des services ; si toi, t'as besoin d'ça, moi j'te fais ça, etc…
- *Maryse* : Une solidarité.
- *Claire* : Voilà.
- *Maryse* : Sans argent.
- *Claire* : Sans argent, donc gratis, hein. Et puis un jour, on a quand même eu aussi l'idée de faire participer, enfin de réveiller un peu la vie d'quartier. Alors ce qui s'est passé, c'est que… on est allés tirer les sonnettes parce qu'on voulait

faire un spectacle de rue, dans le quartier, et alors on proposait aux habitants, aux gens du quartier que nous on connaissait pas, chez qui on arrivait pour… on débarquait pour la première fois, s'ils voulaient participer. Et donc, on est allés voir ces gens. La manière de participer, c'était : soit ils acceptaient qu'on passe un coup de peinture sur leurs volets pour que le décor soit dans la rue, soit ils pouvaient participer au spectacle, c'est-à-dire ils pouvaient être figurants s'ils voulaient ou alors carrément avoir un rôle où ils allaient dire quelque chose, et… et ou alors ce qu'ils pouvaient encore faire, c'était euh…, bah si on avait besoin d'un coup de main pour quelque chose, nous aider ou… et alors, ça a été très curieux parce que du coup, on a découvert plein de gens ; que bon, ben tu sais pas que tu habites à côté de telle personne qui fait ci ou de telle personne qui fait ça…

- **Frédéric** : Et beaucoup de personnes ont participé à… ?
- *Claire* : Et beaucoup de personnes ? Oui, oui, pas mal. Alors y en a aussi qui ont dit que : « Ah, c'est une bonne idée, de repeindre les volets etc…. j'aurais pas pensé ! » On leur apportait, hein, on leur fournissait la peinture et euh…
- *Maryse* : Mais avec la circulation qu'il y a à Paris et même dans le 14e, comment peut-on faire un spectacle de rue ?
- *Claire* : Eh ben parce que c'était quand même un nombre très limité de rues, c'était…
- *Maryse* : Non, mais toi, parle-nous de tes sentiments, quand tu faisais ce spectacle de rue, plus précisément, qu'est-ce que vous avez… Est-ce que vous avez réalisé un projet jusqu'au bout ?
- *Claire* : Oui, oui, on a réalisé le projet jusqu'au bout et puis… et puis ça a été assez… une expérience assez inoubliable hein, parce que… d'une part, on s'est fait des nouveaux copains, c'est quand même sympa, et puis aussi on a un peu cassé, parce que Paris, c'est… c'est vrai que y a pas toujours une vie de quartier et là, on a commencé à réveiller, à faire surgir…
- *Maryse* : À donner envie.
- *Claire* : À donner envie aux gens.
- *Frédéric* : Mais à l'époque… ?
- *Claire* : Et je trouve ça fantastique, hein !

UNITÉ 4
LEÇON 7

Page 56

1. Écoutez ces documents puis complétez ou répondez aux questions.

Document 1
- **La journaliste** : Bonjour, alors aujourd'hui on va commencer en Champagne, à Épernay, c'est l'époque, on recherche des vendangeurs. Cécile, vous êtes conseillère à l'emploi à l'ANPE d'Épernay, qu'est-ce que vous pouvez nous dire sur le sujet ?
- *La dame* : Eh bien, il doit rester environ 225 postes de vendangeurs, dont une cinquantaine non logés.
- *Le journaliste* : Alors, quel profil doivent avoir ces vendangeurs ?
- *La dame* : On ne demande pas aux gens d'avoir de l'expérience mais ce qui est important, c'est d'avoir de la volonté et envie de travailler. Il faut savoir que les vendanges, c'est un travail dur, on peut même dire pénible, au moins au début, les premiers jours. Par contre, il y a une très bonne ambiance, c'est très sympa, c'est souvent une bonne occasion de rencontrer des gens différents qui viennent d'un peu partout et il y a encore un côté folklorique.
- *Le journaliste* : Est-ce qu'on peut connaître le salaire ?
- *La dame* : Alors un coupeur va gagner 7 € 81 de l'heure et un porteur 7 € 85.
- *Le journaliste* : Donc, ça fait donc aux alentours de 7 € 80 de l'heure.
- *La dame* : Oui, c'est ça, et pour la durée, c'est pour une période de 8 jours sur 60 heures.
- *Le journaliste* : Alors, à qui peuvent s'adresser les personnes intéressées ?
- *La dame* : Eh bien, elles peuvent nous joindre à Épernay, le téléphone de l'ANPE, c'est le 03 26 51 01 33.
- Le journaliste : Merci à vous, Cécile, et bonnes vendanges.

Document 2
- *Le journaliste* : Rendez-vous aussi pour ceux qui seraient tentés par un emploi à l'étranger, de très nombreuses offres pour la saison d'hiver, on écoute tout de suite Alban Destouches, le responsable du recrutement au Club Méditerranée.
- *Alban Destouches* : Pour cet hiver nous avons besoin de cuisiniers, nous recrutons pour la saison 200 personnes, avec ou sans expérience, car il nous faut des commis et des chefs de cuisine.
- *Le journaliste* : Alors, quel salaire proposez-vous aux personnes ?
- *Alban Destouches* : Le salaire d'un commis sans expérience, c'est l'équivalent du SMIG*, après, ça dépend. En fonction du degré d'expérience, on peut toucher jusqu'à 1 600 - 1 700 €. Une chose à préciser : tous les employés sont logés sur place, la partie logement

est comprise.
- *Le journaliste* : Quels autres métiers recherchez-vous pour cette période ?
- *Alban Destouches* : La plus grosse demande concerne les préposés à l'entretien, nous avons 300 postes environ à couvrir. Il nous faut aussi 50 réceptionnistes, de préférence bilingues français-anglais. En ce qui concerne la partie animation du Club, nous avons besoin aussi de décorateurs, de costumiers et de techniciens son. Et puis, évidemment, tous les métiers en rapport avec les enfants, tout-petits ou un peu plus grands nous intéressent.
- *Le journaliste* : Bien. Et à quel numéro de téléphone les gens qui nous écoutent aujourd'hui peuvent appeler ?
- *Alban Destouches* : Le service recrutement, c'est le 0 825 35 22 25.
- *Le journaliste* : Merci d'avoir répondu à nos questions et on vous souhaite une belle saison touristique.

* SMIG : Salaire minimum garanti

Document 3
- *Le journaliste* : Étudiants, vous voulez vous faire un peu d'argent de poche pour Noël, alors Irène, responsable de l'emploi au CROUS* de Rouen va vous donner quelques idées.
- *Irène* : Voilà un éventail des demandes qui nous parviennent. D'abord, plusieurs magasins recrutent des Père Noël, c'est une offre exclusivement réservée aux hommes. On vous demande d'être disponible surtout le week-end en continu. Une recommandation aux étudiants intéressés : il faut savoir que le job est assez éprouvant, qu'il exige beaucoup de patience et aussi du savoir-faire, autant avec les enfants qu'avec les parents. En dehors de cela, plusieurs centres commerciaux recrutent pour la période des fêtes des caissiers et du personnel pour le service cadeaux.
Pour l'encadrement des enfants, plusieurs offres aussi de moniteurs sportifs et d'accompagnateurs de groupes pour des séjours d'enfants à la neige et des postes d'animateurs : dans tous les cas, il faut être titulaire du BAFA*. En colonie de vacances ou séjour à la neige, vous toucherez entre 15 et 30 € par jour, mais si vous travaillez dans un centre aéré, le tarif à la journée est de 40 €. Nous tenons aussi à disposition des étudiants une liste d'organismes pour travailler dans une station de sports d'hiver, il est préférable et souvent exigé d'avoir déjà une première expérience dans le secteur choisi. C'est un genre de travail à déconseiller à ceux qui voudraient s'offrir un séjour à la neige pour pas

cher car le rythme de travail est assez dur et les horaires ne laissent pas beaucoup de temps pour skier. Pour tous ces emplois, si vous avez plus de 18 ans, votre rémunération doit être au moins égale au SMIG, c'est-à-dire au salaire minimum.

* CROUS : Centre Régional des Œuvres Universitaires et Scolaires

* BAFA : Brevet d'Aptitude aux Fonctions d'Animateur

LEÇON 8

Page 64

1. Écoutez l'interview et dites si les informations suivantes sont vraies ou fausses.

- *La journaliste* : Bon alors, vous êtes jeune et pourtant vous avez déjà un long itinéraire de connaisseur des vins. Vous pouvez nous raconter un peu votre itinéraire ou c'est indiscret ?
- *L'œnologue* : Non oui, avec plaisir. En fait j'ai… c'est en voyageant souvent en France que j'ai eu l'occasion, par des amis, de… de commencer à découvrir voilà, les différentes régions viticoles et les différents vins qu'il y a en France. Et petit à petit, je me suis intéressé, j'ai commencé, voilà, à acheter des bouquins sur… sur la viticulture, sur l'œnologie. Et puis en même temps, en… à Barcelone, j'ai… j'ai commencé à travailler dans un restaurant et donc dans un restaurant, il y a des vins et j'ai réussi à pouvoir prendre en charge un petit peu tout ce qui est le vin au restaurant, c'est-à-dire faire le rôle de… voilà, de sommelier et donc choisir les vins, hein, pour… pour l'offre du restaurant et puis en même temps… voilà. Donc ça a été en tant que sommelier que j'ai commencé professionnellement à travailler avec le vin ; et puis postérieurement, j'ai… j'ai changé de travail et actuellement, je travaille pour des producteurs de vin dans la région du Penedès et je tiens un magasin de vins ici, à Barcelone.
- *La journaliste* : Qu'est-ce qui est le plus intéressant, c'est suivre tout le processus de vinification depuis la petite propriété ou c'est approfondir le travail de sommelier ?
- *L'œnologue* : C'est un petit peu tout, parce que… quand on fait du vin, en fait il faut le vendre, donc… il faut voir tout dans sa globalité, donc le… le vin commence à se faire dans la vigne, hein, et puis après il doit être vendu. Donc, il faut connaître tout, il faut savoir comment faire le vin, il faut savoir comment… comment le vendre même tout, tout le processus : comment le…
- *La journaliste* : Le mettre en

bouteille ?

- *L'œnologue* : Le mettre en bouteille. C'est important pour un viticulteur qu'il connaisse tous les pas. Parce qu'il faut soigner le produit au maximum pour que le consommateur, la personne qui achète une bouteille de vin, puisse vraiment prendre son plaisir et voilà et pouvoir goûter un produit qui soit en bonnes conditions et même plus, qui soit un plaisir pour le consommateur.
- *La journaliste* : Nous arrivons à la fin de notre programme. Alors deux dernières questions : tout d'abord, vous êtes catalan, vous l'avez dit tout à l'heure. En Catalogne il y a de très bons vins, alors que pouvez-vous dire pour comparer rapidement les vins français aux vins espagnols ?
- *L'œnologue* : Bon je pense que chaque région viticole, chaque pays, a un climat différent. Même je pense que, plutôt que comparer les vins des différents pays, il vaut mieux comparer les régions viticoles ; parce que chaque région viticole a un terroir, a un climat, a des variétés, des cépages différents. Donc chaque région viticole a une personnalité. Ce n'est pas la même chose, la Bourgogne que Bordeaux, que la Rioja ou, en Espagne ou bien en Catalogne. En Catalogne, y a une dizaine de régions viticoles et chaque région viticole a sa propre personnalité. Le Priorat, par exemple, fait des vins corsés, des vins tanniques, des vins issus du cépage Grenache, le… la Rioja, c'est plutôt du Tempranillo, c'est des vins qui sont souvent vieillis pas mal en fût de chêne, on a des vins plus boisés justement. Et voilà donc, chaque région a sa personnalité, donc c'est bien un petit peu de connaître un peu de chaque région parce que chaque vin propose des sensations différentes.
- *La journaliste* : Eh bien, il ne nous reste plus qu'à vous dire merci beaucoup. Nous allons essayer de suivre tout ce que vous venez de nous dire, et puis… félicitations pour ce français absolument formidable que vous avez, alors que vous êtes catalan !

UNITÉ 5
LEÇON 9

Page 72

1. Écoutez le document et choisissez l'option correcte.

- *La journaliste* : Eh oui, il a vraiment disparu de nos vies et de nos habitudes ce Minitel qui a pourtant régné en maître pendant un peu plus de vingt ans, dans la plupart des familles françaises ! Il a été détrôné

par l'Internet et c'est bien sur l'Internet qu'on surfe de plus en plus dans les foyers français.

Les connexions « haut débit » se multiplient et figurent, cette année, parmi les trois progressions d'équipement hight-tech les plus fortes. C'est dans ce climat de dynamisme, voire d'euphorie du secteur, que nous avons voulu poser à nouveau cette question fondamentale : mais qu'est-ce vraiment que l'Internet ? Quelle place, quel rôle joue-t-il dans notre société ?

Écoutons tout d'abord ces propos tenus en novembre 2000 par Dominique Wolton, chercheur au CNRS et auteur de différents livres sur le sujet. Ils vous permettront de réagir et d'amorcer à l'antenne un débat que nous espérons fructueux.

- *D. Wolton* : Mais pourquoi je parle du Minitel ? Pour montrer, 1) que les choses vont très vite, 2) que c'est souvent une guerre industrielle et technique, avec des enjeux économiques gigantesques et ma position sur Internet, elle est simple : je ne suis ni pour ni contre. Mon domaine de recherche n'est pas la technique, mon domaine de recherche, c'est ce que les hommes et les sociétés font des techniques, d'une part et d'autre part, je dis une autre chose : les techniques de communication sont à la fois ce qui permet le plus de rapprocher les hommes –c'est toute l'histoire de la librairie jusqu'à Internet– mais en même temps, les techniques de communication sont toujours dangereuses parce qu'en mettant en rapport les hommes, elles montrent aussi les différences, elles réveillent les haines et les… et les… et les désirs de domination.

Donc nous devons faire attention, Internet est un outil extraordinaire mais il faut le domestiquer, il faut lui donner un projet, il faut le faire rentrer dans le cadre de la réglementation et c'est vrai qu'il faut avoir conscience que, entre la révolution technique d'Internet et Internet « outil de la communication », entre les deux, il faut une bataille politique qui n'a pas commencé ou, excusez-moi (j'ai été trop long) pour le dire autrement, pour l'instant, on tient un discours de liberté sur Internet, alors qu'en fait, ce sont essentiellement les intérêts économiques qui… qui les mettent en place. Pourquoi pas ?

Ça ne me gêne pas mais, on ne peut pas à la fois dire que Internet est un outil de la liberté et que Internet est l'outil du commerce international. S'il est l'un, il est pas l'autre, si on veut qu'il soit un outil de liberté, alors il faut qu'Internet rentre dans la longue histoire de la bataille politique qui a été la bataille pour la liberté de la librairie (XVIIᵉ siècle) ou la bataille pour la liberté de la presse (XVIIIᵉ et XIXᵉ siècles) ou la bataille pour la liberté de la radio et de la télévision (XXᵉ siècle). Voilà !

Moi, mon point de vue, c'est un point de vue politique sur une technique, pas un point de vue économique et pas un point de vue technique et ma seule critique concernant les journalistes, elle est nette, si je leur pose la question suivante : « vous, journalistes, vous, médias, qui êtes critiques contre tout, là, parce qu'il s'agit d'une technique de communication, vous êtes fascinés et vous perdez toute distance critique et vous reprenez le simple discours des industriels » et donc le sens de mon discours dans ce livre*, c'est de dire : « Vous journalistes, réveillez-vous, ayez un peu plus d'esprit critique sur Internet parce que le cœur d'Internet, c'est l'information, le cœur de votre métier, à vous journalistes, c'est l'information, c'est-à-dire un contrôle professionnel de l'information ».

* Internet et après © Éditions Flammarion

LEÇON 10

Page 80

1. Écoutez le premier document et répondez aux questions.

La ville où ils vivent est immense. Une ville d'Europe occidentale où dans des rues et des avenues circulent des millions de gens. Les corps se frôlent, se cherchent, s'évitent aussi. Des regards hésitent en se croisant dans les escalators. Parfois, un poème est écrit au dos d'un carton de bière puis apporté à une personne seule qui semble attendre en tournant interminablement sa cuillère dans une tasse de café. Mais peut-être aime-t-elle être seule et n'attendre personne…

La solitude.
Chacun pourrait en parler, à sa manière, à sa souffrance. Mais souvent les mots ne suffisent pas. Ils ne peuvent raconter cela, cette misère de se sentir débranché de tout, vivant au même rythme que le désordre du monde, sans rien avoir à imaginer de lumineux pour lutter contre cette agonie… Alors, il y a le silence, qui n'est pas le mutisme. Le silence.
Cette ville qui porte un nom est avant tout une ville. Avec le bruit et la multitude, des morceaux de ciel qui se découpent entre les toits des immeubles et des bouts de rues qui ne sont jamais des horizons. On pourrait dire que tous les pays sont réunis là, tant de races s'y croisent pour prononcer les mots du monde avec des accents différents… Taxi ! Station ! Métro ! Café !
Ce territoire des possibles où sans cesse les habitants ont le vague sentiment que le cours des choses peut se briser et changer l'histoire d'une vie, leur assène chaque jour et chaque nuit le contraire : que leur temps s'y disperse et s'y dissout. Souvent un homme est tenté par la folle envie de suivre une inconnue quelques minutes pour en savoir plus, vivre avec elle le hasard d'une vitrine qui vient d'attirer son œil, son attente devant les affiches et les photos d'un cinéma multisalles, son ultime hésitation au moment de traverser un passage clouté alors que le feu vient de passer au vert… Ne rien imaginer de plus que ce corps qui avance quelques mètres devant soi, paré de vêtements, qui avance sur le trottoir d'une ville dont on connaît quelques quartiers et un vague plan d'ensemble.

Yves Simon, *Le voyageur magnifique*
© *Éditions Grasset*

2. Écoutez le deuxième document et retrouvez les 4 phrases qui correspondent à l'enregistrement.

C'était une semaine avant Noël. La neige, tombée en abondance les jours précédents, ne tenait déjà plus dans la rue et se transformait en une boue grise, ectoplasmique. En hiver, je suis réglé comme du papier à musique : tous les soirs, à 19 heures, je rentre chez moi. Je sortis du métro Tolbiac par la bouche qui donne du côté de la pharmacie ouverte jusqu'à minuit. Dans le couloir, je passais pour la centième fois devant le gros Noir qui faisait la manche d'une si petite voix qu'on l'entendait à peine, comme s'il craignait d'être le moins du monde importun. Discret, effacé, il eût fait un excellent majordome. Je lui fis un petit signe de tête. Nous étions déjà, en somme, de vieilles connaissances et il aurait pu régler sa montre, s'il en avait eu une, sur le moment de mon passage. J'entendis des éclats de voix derrière moi, je jetais un furtif coup d'œil en arrière, le métro n'émoussant jamais ma curiosité. C'étaient trois « robocops », ces flics en tenue de bal chargés de la sécurité à la RATP, et qui font plus peur qu'ils ne rassurent. Inconsciemment, je hâtais le pas. J'ai toujours craint le gendarme, ataviquement. Je tirais une des trois portes de verre sur lesquelles était inscrit POUSSEZ, et m'engageais dans l'escalier de gauche qui me menait à l'air libre.

« Trouillard au pont Tolbiac », B. DELCOUR, *Paris, rive glauque*, Collectif, Collection Roman d'une ville, Éditions Autrement, Paris 1998.

3. Écoutez le poème et complétez-le.
Bonjour Paris
C'est toujours la même chanson,
Ô mon amour que je fredonne :
Tout ce que j'ai, je te le donne,
Nos cœurs battent à l'unisson.
Sur les quais, le long de la Seine,
À Montmartre, près des moulins,
Mes souvenirs entrent en scène :
Bonjour, Paris des assassins !
Bonjour, Paris des midinettes,
Des filles, des mauvais garçons,
Des clochards et des bals musette !
Si je te dois d'être poète,
C'est sur un air d'accordéon.

Francis Carco, dans *Anthologie thématique de la poésie française* de Max-Pol Fouchet
© *Éditions Seghers*

INFINITIF	PRÉSENT	IMPARFAIT	PASSÉ SIMPLE	PASSÉ COMPOSÉ	FUTUR	CONDITIONNEL	SUBJONCTIF PRÉSENT	IMPÉRATIF PART. PRÉSENT
AVOIR	j'ai	j'avais	j'eus	j'ai eu	j'aurai	j'aurais	que j'aie	aie
	tu as	tu avais	tu eus	tu as eu	tu auras	tu aurais	que tu aies	ayons
	il/elle/on a	il/elle/on avait	il/elle/on eut	il/elle/on a eu	il/elle/on aura	il/elle/on aurait	qu'il/elle/on ait	ayez
	nous avons	nous avions	nous eûmes	nous avons eu	nous aurons	nous aurions	que nous ayons	
	vous avez	vous aviez	vous eûtes	vous avez eu	vous aurez	vous auriez	que vous ayez	
	ils/elles ont	ils/elles avaient	ils/elles eurent	ils/elles ont eu	ils/elles auront	ils/elles auraient	qu'ils/elles aient	ayant
ÊTRE	je suis	j'étais	je fus	j'ai été	je serai	je serais	que je sois	sois
	tu es	tu étais	tu fus	tu as été	tu seras	tu serais	que tu sois	soyons
	il/elle/on est	il/elle/on était	il/elle/on fut	il/elle/on a été	il/elle/on sera	il/elle/on serait	qu'il/elle/on soit	soyez
	nous sommes	nous étions	nous fûmes	nous avons été	nous serons	nous serions	que nous soyons	
	vous êtes	vous étiez	vous fûtes	vous avez été	vous serez	vous seriez	que vous soyez	
	ils/elles sont	ils/elles étaient	ils/elles furent	ils/elles ont été	ils/elles seront	ils/elles seraient	qu'ils/elles soient	étant
AIMER	j'aime	j'aimais	j'aimai	j'ai aimé	j'aimerai	j'aimerais	que j'aime	aime
	tu aimes	tu aimais	tu aimas	tu as aimé	tu aimeras	tu aimerais	que tu aimes	aimons
	il/elle/on aime	il/elle/on aimait	il/elle/on aima	il/elle/on a aimé	il/elle/on aimera	il/elle/on aimerait	qu'il/elle/on aime	aimez
	nous aimons	nous aimions	nous aimâmes	nous avons aimé	nous aimerons	nous aimerions	que nous aimions	
	vous aimez	vous aimiez	vous aimâtes	vous avez aimé	vous aimerez	vous aimeriez	que vous aimiez	
	ils/elles aiment	ils/elles aimaient	ils/elles aimèrent	ils/elles ont aimé	ils/elles aimeront	ils/elles aimeraient	qu'ils/elles aiment	aimant
ALLER	je vais	j'allais	j'allai	je suis allé(e)	j'irai	j'irais	que j'aille	va
	tu vas	tu allais	tu allas	tu es allé(e)	tu iras	tu irais	que tu ailles	allons
	il/elle/on va	il/elle/on allait	il/elle/on alla	il/elle/on est allé(e)(s)	il/elle/on ira	il/elle/on irait	qu'il/elle/on aille	allez
	nous allons	nous allions	nous allâmes	nous sommes allé(e)s	nous irons	nous irions	que nous allions	
	vous allez	vous alliez	vous allâtes	vous êtes allé(e)(s)	vous irez	vous iriez	que vous alliez	
	ils/elles vont	ils/elles allaient	ils/elles allèrent	ils/elles sont allé(e)s	ils/elles iront	ils/elles iraient	qu'ils/elles aillent	allant
APPELER	j'appelle	j'appelais	j'appelai	j'ai appelé	j'appellerai	j'appellerais	que j'appelle	appelle
	tu appelles	tu appelais	tu appelas	tu as appelé	tu appelleras	tu appellerais	que tu appelles	appelons
	il/elle/on appelle	il/elle/on appelait	il/elle/on appela	il/elle/on a appelé	il/elle/on appellera	il/elle/on appellerait	qu'il/elle/on appelle	appelez
	nous appelons	nous appelions	nous appelâmes	nous avons appelé	nous appellerons	nous appellerions	que nous appelions	
	vous appelez	vous appeliez	vous appelâtes	vous avez appelé	vous appellerez	vous appelleriez	que vous appeliez	
	ils/elles appellent	ils/elles appelaient	ils/elles appelèrent	ils/elles ont appelé	ils/elles appelleront	ils/elles appelleraient	qu'ils/elles appellent	appelant
ATTENDRE (DESCENDRE, RÉPONDRE, ENTENDRE, VENDRE)	j'attends	j'attendais	j'attendis	j'ai attendu	j'attendrai	j'attendrais	que j'attende	attends
	tu attends	tu attendais	tu attendis	tu as attendu	tu attendras	tu attendrais	que tu attendes	attendons
	il/elle/on attend	il/elle/on attendait	il/elle/on attendit	il/elle/on a attendu	il/elle/on attendra	il/elle/on attendrait	qu'il/elle/on attende	attendez
	nous attendons	nous attendions	nous attendîmes	nous avons attendu	nous attendrons	nous attendrions	que nous attendions	
	vous attendez	vous attendiez	vous attendîtes	vous avez attendu	vous attendrez	vous attendriez	que vous attendiez	
	ils/elles attendent	ils/elles attendaient	ils/elles attendirent	ils/elles ont attendu	ils/elles attendront	ils/elles attendraient	qu'ils/elles attendent	attendant
BOIRE	je bois	je buvais	je bus	j'ai bu	je boirai	je boirais	que je boive	bois
	tu bois	tu buvais	tu bus	tu as bu	tu boiras	tu boirais	que tu boives	buvons
	il/elle/on boit	il/elle/on buvait	il/elle/on but	il/elle/on a bu	il/elle/on boira	il/elle/on boirait	qu'il/elle/on boive	buvez
	nous buvons	nous buvions	nous bûmes	nous avons bu	nous boirons	nous boirions	que nous buvions	
	vous buvez	vous buviez	vous bûtes	vous avez bu	vous boirez	vous boiriez	que vous buviez	
	ils/elles boivent	ils/elles buvaient	ils/elles burent	ils/elles ont bu	ils/elles boiront	ils/elles boiraient	qu'ils/elles boivent	buvant
CHOISIR	je choisis	je choisissais	je choisis	j'ai choisi	je choisirai	je choisirais	que je choisisse	choisis
	tu choisis	tu choisissais	tu choisis	tu as choisi	tu choisiras	tu choisirais	que tu choisisses	choisissons
	il/elle/on choisit	il/elle/on choisissait	il/elle/on choisit	il/elle/on a choisi	il/elle/on choisira	il/elle/on choisirait	qu'il/elle/on choisisse	choisissez
	nous choisissons	nous choisissions	nous choisîmes	nous avons choisi	nous choisirons	nous choisirions	que nous choisissions	
	vous choisissez	vous choisissiez	vous choisîtes	vous avez choisi	vous choisirez	vous choisiriez	que vous choisissiez	
	ils/elles choisissent	ils/elles choisissaient	ils/elles choisirent	ils/elles ont choisi	ils/elles choisiront	ils/elles choisiraient	qu'ils/elles choisissent	choisissant
AVANCER	j'avance	j'avançais	j'avançai	j'ai avancé	j'avancerai	j'avancerais	que j'avance	avance
	tu avances	tu avançais	tu avanças	tu as avancé	tu avanceras	tu avancerais	que tu avances	avançons
	il/elle/on avance	il/elle/on avançait	il/elle/on avança	il/elle/on a avancé	il/elle/on avancera	il/elle/on avancerait	qu'il/elle/on avance	avancez
	nous avançons	nous avancions	nous avançâmes	nous avons avancé	nous avancerons	nous avancerions	que nous avancions	
	vous avancez	vous avanciez	vous avançâtes	vous avez avancé	vous avancerez	vous avanceriez	que vous avanciez	
	ils/elles avancent	ils/elles avançaient	ils/elles avancèrent	ils/elles ont avancé	ils/elles avanceront	ils/elles avanceraient	qu'ils/elles avancent	avançant

INFINITIF	PRÉSENT	IMPARFAIT	PASSÉ SIMPLE	PASSÉ COMPOSÉ	FUTUR	CONDITIONNEL	SUBJONCTIF PRÉSENT	IMPÉRATIF PART. PRÉSENT
CONNAÎTRE	je connais	je connaissais	je connus	j'ai connu	je connaîtrai	je connaîtrais	que je connaisse	connais
	tu connais	tu connaissais	tu connus	tu as connu	tu connaîtras	tu connaîtrais	que tu connaisses	connaissons
	il/elle/on connaît	il/elle/on connaissait	il/elle/on connut	il/elle/on a connu	il/elle/on connaîtra	il/elle/on connaîtrait	qu'il/elle/on connaisse	connaissez
	nous connaissons	nous connaissions	nous connûmes	nous avons connu	nous connaîtrons	nous connaîtrions	que nous connaissions	
	vous connaissez	vous connaissiez	vous connûtes	vous avez connu	vous connaîtrez	vous connaîtriez	que vous connaissiez	
	ils/elles connaissent	ils/elles connaissaient	ils/elles connurent	ils/elles ont connu	ils/elles connaîtront	ils/elles connaîtraient	qu'ils/elles connaissent	connaissant
CRAINDRE (JOINDRE, PEINDRE)	je crains	je craignais	je craignis	j'ai craint	je craindrai	je craindrais	que je craigne	crains
	tu crains	tu craignais	tu craignis	tu as craint	tu craindras	tu craindrais	que tu craignes	craignons
	il/elle/on craint	il/elle/on craignait	il/elle/on craignit	il/elle/on a craint	il/elle/on craindra	il/elle/on craindrait	qu'il/elle/on craigne	craignez
	nous craignons	nous craignions	nous craignîmes	nous avons craint	nous craindrons	nous craindrions	que nous craignions	
	vous craignez	vous craigniez	vous craignîtes	vous avez craint	vous craindrez	vous craindriez	que vous craigniez	
	ils/elles craignent	ils/elles craignaient	ils/elles craignirent	ils/elles ont craint	ils/elles craindront	ils/elles craindraient	qu'ils/elles craignent	craignant
CROIRE	je crois	je croyais	je crus	j'ai cru	je croirai	je croirais	que je croie	crois
	tu crois	tu croyais	tu crus	tu as cru	tu croiras	tu croirais	que tu croies	croyons
	il/elle/on croit	il/elle/on croyait	il/elle/on crut	il/elle/on a cru	il/elle/on croira	il/elle/on croirait	qu'il/elle/on croie	croyez
	nous croyons	nous croyions	nous crûmes	nous avons cru	nous croirons	nous croirions	que nous croyions	
	vous croyez	vous croyiez	vous crûtes	vous avez cru	vous croirez	vous croiriez	que vous croyiez	
	ils/elles croient	ils/elles croyaient	ils/elles crurent	ils/elles ont cru	ils/elles croiront	ils/elles croiraient	qu'ils/elles croient	croyant
DEVOIR	je dois	je devais	je dus	j'ai dû	je devrai	je devrais	que je doive	
	tu dois	tu devais	tu dus	tu as dû	tu devras	tu devrais	que tu doives	
	il/elle/on doit	il/elle/on devait	il/elle/on dut	il/elle/on a dû	il/elle/on devra	il/elle/on devrait	qu'il/elle/on doive	
	nous devons	nous devions	nous dûmes	nous avons dû	nous devrons	nous devrions	que nous devions	
	vous devez	vous deviez	vous dûtes	vous avez dû	vous devrez	vous devriez	que vous deviez	
	ils/elles doivent	ils/elles devaient	ils/elles durent	ils/elles ont dû	ils/elles devront	ils/elles devraient	qu'ils/elles doivent	devant
DIRE	je dis	je disais	je dis	j'ai dit	je dirai	je dirais	que je dise	dis
	tu dis	tu disais	tu dis	tu as dit	tu diras	tu dirais	que tu dises	disons
	il/elle/on dit	il/elle/on disait	il/elle/on dit	il/elle/on a dit	il/elle/on dira	il/elle/on dirait	qu'il/elle/on dise	dites
	nous disons	nous disions	nous dîmes	nous avons dit	nous dirons	nous dirions	que nous disions	
	vous dites	vous disiez	vous dîtes	vous avez dit	vous direz	vous diriez	que vous disiez	
	ils/elles disent	ils/elles disaient	ils/elles dirent	ils/elles ont dit	ils/elles diront	ils/elles diraient	qu'ils/elles disent	disant
DORMIR	je dors	je dormais	je dormis	j'ai dormi	je dormirai	je dormirais	que je dorme	dors
	tu dors	tu dormais	tu dormis	tu as dormi	tu dormiras	tu dormirais	que tu dormes	dormons
	il/elle/on dort	il/elle/on dormait	il/elle/on dormit	il/elle/on a dormi	il/elle/on dormira	il/elle/on dormirait	qu'il/elle/on dorme	dormez
	nous dormons	nous dormions	nous dormîmes	nous avons dormi	nous dormirons	nous dormirions	que nous dormions	
	vous dormez	vous dormiez	vous dormîtes	vous avez dormi	vous dormirez	vous dormiriez	que vous dormiez	
	ils/elles dorment	ils/elles dormaient	ils/elles dormirent	ils/elles ont dormi	ils/elles dormiront	ils/elles dormiraient	qu'ils/elles dorment	dormant
ÉCRIRE (DÉCRIRE)	j'écris	j'écrivais	j'écrivis	j'ai écrit	j'écrirai	j'écrirais	que j'écrive	écris
	tu écris	tu écrivais	tu écrivis	tu as écrit	tu écriras	tu écrirais	que tu écrives	écrivons
	il/elle/on écrit	il/elle/on écrivait	il/elle/on écrivit	il/elle/on a écrit	il/elle/on écrira	il/elle/on écrirait	qu'il/elle/on écrive	écrivez
	nous écrivons	nous écrivions	nous écrivîmes	nous avons écrit	nous écrirons	nous écririons	que nous écrivions	
	vous écrivez	vous écriviez	vous écrivîtes	vous avez écrit	vous écrirez	vous écririez	que vous écriviez	
	ils/elles écrivent	ils/elles écrivaient	ils/elles écrivirent	ils/elles ont écrit	ils/elles écriront	ils/elles écriraient	qu'ils/elles écrivent	écrivant
ENVOYER (PAYER, ESSAYER)	j'envoie	j'envoyais	j'envoyai	j'ai envoyé	j'enverrai	j'enverrais	que j'envoie	envoie
	tu envoies	tu envoyais	tu envoyas	tu as envoyé	tu enverras	tu enverrais	que tu envoies	envoyons
	il/elle/on envoie	il/elle/on envoyait	il/elle/on envoya	il/elle/on a envoyé	il/elle/on enverra	il/elle/on enverrait	qu'il/elle/on envoie	envoyez
	nous envoyons	nous envoyions	nous envoyâmes	nous avons envoyé	nous enverrons	nous enverrions	que nous envoyions	
	vous envoyez	vous envoyiez	vous envoyâtes	vous avez envoyé	vous enverrez	vous enverriez	que vous envoyiez	
	ils/elles envoient	ils/elles envoyaient	ils/elles envoyèrent	ils/elles ont envoyé	ils/elles enverront	ils/elles enverraient	qu'ils/elles envoient	envoyant
FAIRE (DÉFAIRE, REFAIRE)	je fais	je faisais	je fis	j'ai fait	je ferai	je ferais	que je fasse	fais
	tu fais	tu faisais	tu fis	tu as fait	tu feras	tu ferais	que tu fasses	faisons
	il/elle/on fait	il/elle/on faisait	il/elle/on fit	il/elle/on a fait	il/elle/on fera	il/elle/on ferait	qu'il/elle/on fasse	faites
	nous faisons	nous faisions	nous fîmes	nous avons fait	nous ferons	nous ferions	que nous fassions	
	vous faites	vous faisiez	vous fîtes	vous avez fait	vous ferez	vous feriez	que vous fassiez	
	ils/elles font	ils/elles faisaient	ils/elles firent	ils/elles ont fait	ils/elles feront	ils/elles feraient	qu'ils/elles fassent	faisant

INFINITIF	PRÉSENT	IMPARFAIT	PASSÉ SIMPLE	PASSÉ COMPOSÉ	FUTUR	CONDITIONNEL	SUBJONCTIF PRÉSENT	IMPÉRATIF PART. PRÉSE
FALLOIR	il faut	il fallait	il fallut	il a fallu	il faudra	il faudrait	qu'il faille	
FINIR	je finis tu finis il/elle/on finit nous finissons vous finissez ils/elles finissent	je finissais tu finissais il/elle/on finissait nous finissions vous finissiez ils/elles finissaient	je finis tu finis il/elle/on finit nous finîmes vous finîtes ils/elles finirent	j'ai fini tu as fini il/elle/on a fini nous avons fini vous avez fini ils/elles ont fini	je finirai tu finiras il/elle/on finira nous finirons vous finirez ils/elles finiront	je finirais tu finirais il/elle/on finirait nous finirions vous finiriez ils/elles finiraient	que je finisse que tu finisses qu'il/elle/on finisse que nous finissions que vous finissiez qu'ils/elles finissent	finis finissons finissez finissant
SE LEVER	je me lève tu te lèves il/elle/on se lève nous nous levons vous vous levez ils/elles se lèvent	je me levais tu te levais il/elle/on se levait nous nous levions vous vous leviez ils/elles se levaient	je me levai tu te leva il/elle/on se leva nous nous levâmes vous vous levâtes ils/elles se levèrent	je me suis levé(e) tu t'es levé(e) il/elle/on s'est levé(e)(s) nous nous sommes levé(e)s vous vous êtes levé(e)(s) ils/elles se sont levé(e)s	je me lèverai tu te lèveras il/elle/on se lèvera nous nous lèverons vous vous lèverez ils/elles se lèveront	je me lèverais tu te lèverais il/elle/on se lèverait nous nous lèverions vous vous lèveriez ils/elles se lèveraient	que je me lève que tu te lèves qu'il/elle/on se lève que nous nous levions que vous vous leviez qu'ils/elles se lèvent	lève-toi levons-nous levez-vous se levant
LIRE **(TRADUIRE,** **PLAIRE)**	je lis tu lis il/elle/on lit nous lisons vous lisez ils/elles lisent	je lisais tu lisais il/elle/on lisait nous lisions vous lisiez ils/elles lisaient	je lus tu lus il/elle/on lut nous lûmes vous lûtes ils/elles lurent	j'ai lu tu as lu il/elle/on a lu nous avons lu vous avez lu ils/elles ont lu	je lirai tu liras il/elle/on lira nous lirons vous lirez ils/elles liront	je lirais tu lirais il/elle/on lirait nous lirions vous liriez ils/elles liraient	que je lise que tu lises qu'il/elle/on lise que nous lisions que vous lisiez qu'ils/elles lisent	lis lisons lisez lisant
MANGER	je mange tu manges il/elle/on mange nous mangeons vous mangez ils/elles mangent	je mangeais tu mangeais il/elle/on mangeait nous mangions vous mangiez ils/elles mangeaient	je mangeai tu mangeas il/elle/on mangea nous mangeâmes vous mangeâtes ils/elles mangèrent	j'ai mangé tu as mangé il/elle/on a mangé nous avons mangé vous avez mangé ils/elles ont mangé	je mangerai tu mangeras il/elle/on mangera nous mangerons vous mangerez ils/elles mangeront	je mangerais tu mangerais il/elle/on mangerait nous mangerions vous mangeriez ils/elles mangeraient	que je mange que tu manges qu'il/elle/on mange que nous mangions que vous mangiez qu'ils/elles mangent	mange mangeons mangez mangeant
METTRE	je mets tu mets il/elle/on met nous mettons vous mettez ils/elles mettent	je mettais tu mettais il/elle/on mettait nous mettions vous mettiez ils/elles mettaient	je mis tu mis il/elle/on mit nous mîmes vous mîtes ils/elles mirent	j'ai mis tu as mis il/elle/on a mis nous avons mis vous avez mis ils/elles ont mis	je mettrai tu mettras il/elle/on mettra nous mettrons vous mettrez ils/elles mettront	je mettrais tu mettrais il/elle/on mettrait nous mettrions vous mettriez ils/elles mettraient	que je mette que tu mettes qu'il/elle/on mette que nous mettions que vous mettiez qu'ils/elles mettent	mets mettons mettez mettant
OUVRIR **(OFFRIR,** **COUVRIR,** **DÉCOUVRIR)**	j'ouvre tu ouvres il/elle/on ouvre nous ouvrons vous ouvrez ils/elles ouvrent	j'ouvrais tu ouvrais il/elle/on ouvrait nous ouvrions vous ouvriez ils/elles ouvraient	j'ouvris tu ouvris il/elle/on ouvrit nous ouvrîmes vous ouvrîtes ils/elles ouvrirent	j'ai ouvert tu as ouvert il/elle/on a ouvert nous avons ouvert vous avez ouvert ils/elles ont ouvert	j'ouvrirai tu ouvriras il/elle/on ouvrira nous ouvrirons vous ouvrirez ils/elles ouvriront	j'ouvrirais tu ouvrirais il/elle/on ouvrirait nous ouvririons vous ouvririez ils/elles ouvriraient	que j'ouvre que tu ouvres qu'il/elle/on ouvre que nous ouvrions que vous ouvriez qu'ils/elles ouvrent	ouvre ouvrons ouvrez ouvrant
PARTIR **(SORTIR)**	je pars tu pars il/elle/on part nous partons vous partez ils/elles partent	je partais tu partais il/elle/on partait nous partions vous partiez ils/elles partaient	je partis tu partis il/elle/on partit nous partîmes vous partîtes ils/elles partirent	je suis parti(e) tu es parti(e) il/elle/on est parti(e)(s) nous sommes parti(e)s vous êtes parti(e)(s) ils/elles sont parti(e)s	je partirai tu partiras il/elle/on partira nous partirons vous partirez ils/elles partiront	je partirais tu partirais il/elle/on partirait nous partirions vous partiriez ils/elles partiraient	que je parte que tu partes qu'il/elle/on parte que nous partions que vous partiez qu'ils/elles partent	pars partons partez partant
PLEUVOIR	il pleut	il pleuvait	il plut	il a plu	il pleuvra	il pleuvrait	qu'il pleuve	
PRENDRE **(APPRENDRE,** **COMPRENDRE)**	je prends tu prends il/elle/on prend nous prenons vous prenez ils/elles prennent	je prenais tu prenais il/elle/on prenait nous prenions vous preniez ils/elles prenaient	je pris tu pris il/elle/on prit nous prîmes vous prîtes ils/elles prirent	j'ai pris tu as pris il/elle/on a pris nous avons pris vous avez pris ils/elles ont pris	je prendrai tu prendras il/elle/on prendra nous prendrons vous prendrez ils/elles prendront	je prendrais tu prendrais il/elle/on prendrait nous prendrions vous prendriez ils/elles prendraient	que je prenne que tu prennes qu'il/elle/on prenne que nous prenions que vous preniez qu'ils/elles prennent	prends prenons prenez prenant

INITIF	PRÉSENT	IMPARFAIT	PASSÉ SIMPLE	PASSÉ COMPOSÉ	FUTUR	CONDITIONNEL	SUBJONCTIF PRÉSENT	IMPÉRATIF PART. PRÉSENT
..VOIR	je peux tu peux il/elle/on peut nous pouvons vous pouvez ils/elles peuvent	je pouvais tu pouvais il/elle/on pouvait nous pouvions vous pouviez ils/elles pouvaient	je pus tu pus il/elle/on put nous pûmes vous pûtes ils/elles purent	j'ai pu tu as pu il/elle/on a pu nous avons pu vous avez pu ils/elles ont pu	je pourrai tu pourras il/elle/on pourra nous pourrons vous pourrez ils/elles pourront	je pourrais tu pourrais il/elle/on pourrait nous pourrions vous pourriez ils/elles pourraient	que je puisse que tu puisses qu'il/elle/on puisse que nous puissions que vous puissiez qu'ils/elles puissent	 pouvant
..PÉTER	je répète tu répètes il/elle/on répète nous répétons vous répétez ils/elles répètent	je répétais tu répétais il/elle/on répétait nous répétions vous répétiez ils/elles répétaient	je répétai tu répétas il/elle/on répéta nous répétâmes vous répétâtes ils/elles répétèrent	j'ai répété tu as répété il/elle/on a répété nous avons répété vous avez répété ils/elles ont répété	je répéterai tu répéteras il/elle/on répétera nous répéterons vous répéterez ils/elles répéteront	je répéterais tu répéterais il/elle/on répéterait nous répéterions vous répéteriez ils/elles répéteraient	que je répète que tu répètes qu'il/elle/on répète que nous répétions que vous répétiez qu'ils/elles répètent	répète répétons répétez répétant
..SOUDRE	je résous tu résous il/elle/on résout nous résolvons vous résolvez ils/elles résolvent	je résolvais tu résolvais il/elle/on résolvait nous résolvions vous résolviez ils/elles résolvaient	je résolus tu résolus il/elle/on résolut nous résolûmes vous résolûtes ils/elles résolurent	j'ai résolu tu as résolu il/elle/on a résolu nous avons résolu vous avez résolu ils/elles ont résolu	je résoudrai tu résoudras il/elle/on résoudra nous résoudrons vous résoudrez ils/elles résoudront	je résoudrais tu résoudrais il/elle/on résoudrait nous résoudrions vous résoudriez ils/elles résoudraient	que je résolve que tu résolves qu'il/elle/on résolve que nous résolvions que vous résolviez qu'ils/elles résolvent	résous résolvons résolvez résolvant
..VOIR	je sais tu sais il/elle/on sait nous savons vous savez ils/elles savent	je savais tu savais il/elle/on savait nous savions vous saviez ils/elles savaient	je sus tu sus il/elle/on sut nous sûmes vous sûtes ils/elles surent	j'ai su tu as su il/elle/on a su nous avons su vous avez su ils/elles ont su	je saurai tu sauras il/elle/on saura nous saurons vous saurez ils/elles sauront	je saurais tu saurais il/elle/on saurait nous saurions vous sauriez ils/elles sauraient	que je sache que tu saches qu'il/elle/on sache que nous sachions que vous sachiez qu'ils/elles sachent	sache sachons sachez sachant
..IVRE	je suis tu suis il/elle/on suit nous suivons vous suivez ils/elles suivent	je suivais tu suivais il/elle/on suivait nous suivions vous suiviez ils/elles suivaient	je suivis tu suivis il/elle/on suivit nous suivîmes vous suivîtes ils/elles suivirent	j'ai suivi tu as suivi il/elle/on a suivi nous avons suivi vous avez suivi ils/elles ont suivi	je suivrai tu suivras il/elle/on suivra nous suivrons vous suivrez ils/elles suivront	je suivrais tu suivrais il/elle/on suivrait nous suivrions vous suivriez ils/elles suivraient	que je suive que tu suives qu'il/elle/on suive que nous suivions que vous suiviez qu'ils/elles suivent	suis suivons suivez suivant
..NIR (..EVENIR, ..VENIR, ..NIR, ..BTENIR)	je viens tu viens il/elle/on vient nous venons vous venez ils/elles viennent	je venais tu venais il/elle/on venait nous venions vous veniez ils/elles venaient	je vins tu vins il/elle/on vint nous vînmes vous vîntes ils/elles vinrent	je suis venu(e) tu es venu(e) il/elle/on est venu(e)(s) nous sommes venu(e)s vous êtes venu(e)(s) ils/elles sont venu(e)s	je viendrai tu viendras il/elle/on viendra nous viendrons vous viendrez ils/elles viendront	je viendrais tu viendrais il/elle/on viendrait nous viendrions vous viendriez ils/elles viendraient	que je vienne que tu viennes qu'il/elle/on vienne que nous venions que vous veniez qu'ils/elles viennent	viens venons venez venant
..VRE	je vis tu vis il/elle/on vit nous vivons vous vivez ils/elles vivent	je vivais tu vivais il/elle/on vivait nous vivions vous viviez ils/elles vivaient	je vécus tu vécus il/elle/on vécut nous vécûmes vous vécûtes ils/elles vécurent	j'ai vécu tu as vécu il/elle/on a vécu nous avons vécu vous avez vécu ils/elles ont vécu	je vivrai tu vivras il/elle/on vivra nous vivrons vous vivrez ils/elles vivront	je vivrais tu vivrais il/elle/on vivrait nous vivrions vous vivriez ils/elles vivraient	que je vive que tu vives qu'il/elle/on vive que nous vivions que vous viviez qu'ils/elles vivent	vis vivons vivez vivant
..OIR	je vois tu vois il/elle/on voit nous voyons vous voyez ils/elles voient	je voyais tu voyais il/elle/on voyait nous voyions vous voyiez ils/elles voyaient	je vis tu vis il/elle/on vit nous vîmes vous vîtes ils/elles virent	j'ai vu tu as vu il/elle/on a vu nous avons vu vous avez vu ils/elles ont vu	je verrai tu verras il/elle/on verra nous verrons vous verrez ils/elles verront	je verrais tu verrais il/elle/on verrait nous verrions vous verriez ils/elles verraient	que je voie que tu voies qu'il/elle/on voie que nous voyions que vous voyiez qu'ils/elles voient	vois voyons voyez voyant
..OULOIR	je veux tu veux il/elle/on veut nous voulons vous voulez ils/elles veulent	je voulais tu voulais il/elle/on voulait nous voulions vous vouliez ils/elles voulaient	je voulus tu voulus il/elle/on voulut nous voulûmes vous voulûtes ils/elles voulurent	j'ai voulu tu as voulu il/elle/on a voulu nous avons voulu vous avez voulu ils/elles ont voulu	je voudrai tu voudras il/elle/on voudra nous voudrons vous voudrez ils/elles voudront	je voudrais tu voudrais il/elle/on voudrait nous voudrions vous voudriez ils/elles voudraient	que je veuille que tu veuilles qu'il/elle/on veuille que nous voulions que vous vouliez qu'ils/elles veuillent	 voulant

irréguliers	impersonnels

Coordination éditoriale : Anne-Sophie Lesplulier
Direction éditoriale : Sylvie Courtier

Conception graphique et couverture : Zoográfico
Dessins : Tomeu Morey, Bartolomé Segui

Photographies : CORDON PRESS / CORBIS / Reuters / John Schults, Reuters, Miguel Vidal ;
COVER / CORBIS / SYGMA / Elisa Haberer, Hulton-Deutsch Collection, Lyba Taylor, Bettmann,
Owen Franken, Steve Raymer, Ted Horowitz, Eye Ubiquitous / Hugh Rooney, Jutta Klee, Philippe
Eranian, KIPA / Baril / Roncen, Jonathan Cavendish, Pierre Vauthey, John-Marshall Mantel,
Julien Hekimian, Darkslide Productions, Frederic Pitchal, Jean-Pierre Amet, Stefano Bianchetti,
Mauro Panci, Progressive Image / Bob Rowan, John Van Hasselt ; FOTONONSTOP / Hervé
Gyssels, Jacques Loic, Eric Audras, Vincent Leblic, Photononstop / Kiki Ozu, Jean-Paul Garcin,
Christian Arnal ; GETTY IMAGES ; I. Pressler, ARCHIVO SANTILLANA

Recherche iconographique : Mercedes Barcenilla

Coordination artistique : Carlos Aguilera
Direction artistique : José Crespo

Correction : Hélène Lamassoure

Coordination technique : Jesús Á. Muela

N° d'éditeur : 10120960 - novembre 2005 - Imprimé en France par France Quercy, 46001 Cahors